ちくま新書

老人喰い
——高齢者を狙う詐欺の正体

鈴木大介
Suzuki Daisuke

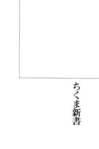

老人喰い——高齢者を狙う詐欺の正体【目次】

はじめに

平成25年版警察白書によれば、振り込め詐欺をはじめとする特殊詐欺犯全体における被害者の約8割が60歳以上の高齢者。そして総被害額は毎年ワースト記録を更新し続け、14年1～11月だけで498億7343万円にのぼった。

また、未公開株や公社債の契約を促す利殖勧誘、訪問販売や悪徳リフォーム工事、催眠商法に絡む特定商取引など、いわゆる悪質商法についても、全国の消費生活センターへの相談の7割以上（利殖勧誘事犯で71・5％、特定商取引等事犯で77・9％）が高齢者によるものだ。

いまや高齢者を狙う詐欺犯罪や悪質商法は、止めどない勢いで広がりつつある。まさに『老人喰い』、百花繚乱《ひゃっかりょうらん》の時代だ。

だが、なぜなのだろう。本来敬《うやま》うべき高齢者を騙《だま》して稼ぐ人々がこれほどまでにいる。日本人は美徳を失ってしまったのか？　そこに罪悪感はないのだろうか？　誰にも親はいて、祖父母もいるだろうに。血も涙もないのかしら？　怖いわね。

他人事のように言う、当事者の高齢者たちに、問いかけたい。

「彼ら犯罪者があなたたち高齢者を狙うようになった原因が、あなたたち自身にあると考えたことはありますか？」

返ってくる反応は容易に想像がつく。現代の高齢者は、戦後の荒廃から日本を見事に立ち直らせた。寝る間も惜しんで働き、子を生み育て、道を作り建物を建て産業を発展させ、敗戦国から世界に名だたる経済大国にのし上げた。

そんな国作りをし、ようやくリタイアして余生を送る自分たちの、その必死に働いて貯めた資産が狙われる理由が、なぜ我々にあるのか？

正論。ごもっとも。だが、そんな正論をどれほど振りかざそうとも、どれほどに警察が彼らの撲滅《ぼくめつ》に尽力してくれようとも、老人喰いはなくならない。これが、彼ら犯罪の加害者取材をしてきた僕の、率直な感想だ。

ルポライターとして、僕の取材活動のメインフィールドは、貧困や虐待・育児放棄などの劣悪な家庭環境に育ち、社会の裏側で生きるようになった若者たちだ。触法少年少女、犯罪の加害者たちの心情を聞き取り、社会から蛇蝎《だかつ》のごとき扱いを受ける彼らの抱えた痛みや苦しみを炙《あぶ》り出すことを一義として記者活動をしてきた。適切な教育も親の愛情も社会の庇護《ひご》も受けられない中で、犯罪組織の中に取り込まれていってしまう彼らの青春を聞き取ってきた。だが、老人喰いの当事者は、決してこうした生まれ育ちの貧困が生み出した犯罪者とも言い切れなかった。親の愛を十分に受けた者もいる。大学教育を受けた者もいた。だがそれでも彼らは、明確な敵対感情を持って、高齢者に牙《きば》を剝《む》く存在となっていた。なぜだろうか？

老人喰いの頂点とも言える特殊詐欺犯罪に手を染める若者たちを取材してきて、僕が感じたのは彼らが「夜露《よつゆ》の世代」だということだ。

彼らと接していると、思い浮かぶのは砂漠の夜だ。想像してほしい。彼ら若者たちは、砂漠の中で渇《かわ》いている。周囲にはすでに枯れたオアシスと、涸《か》れた井戸があるのみ。今後雨が降る気配もなければ、自分たちで新たに井戸を掘るだけの体力も彼らに残されていいない。ただただ彼らは、夜露をすすって乾きに耐えている。

だが彼らの横には、水がたっぷりつまった革袋を抱えた者たちがいる。これが、高齢者だ。

彼ら高齢者は自らの子供や孫には水を与えるかもしれないが、その他の若者には決して水を与えない。水を「貸し与える」ということもしない。少しの水を分けてやるだけで、彼らは自分たちで井戸を掘り、新たなオアシスをつくるかもしれないのにだ。

ならばどうなる。渇き切った若者たちは、いずれ血走った目で高齢者の抱える水袋を奪いにかかるだろう。自明の理ではないか。


大きな誤解を解いておきたい。高齢者を狙う犯罪とは、高齢者が弱者だから、そこにつけ込むというものではない。圧倒的経済弱者である若者たちが、圧倒的経済強者である高齢者に向ける反逆の刃《やいば》なのだ。

豊かな高齢者は言うだろう。いくら渇いているといっても、現代の日本は先進国で、食べ物がなくて盗みや横取りをするほどの貧困にはないだろうと。だがそれは、世の中を見誤っているとしか思えない。現代は、努力をすれば必ず結果が出た高度成長期ではないのだ。彼ら若者は、どれだけ努力をしようとも、将来が安定するという確信が持てない。今日は食パンの耳すら食べられなくても、頑張ればいつかフルコースを食べる夢のあった世代と、今日は食パンの耳を食べているが、「頑張っても一生食パンの耳しか食べられない」という諦観に満ちた世代。渇きの度合いで言えば、現代の若者は戦後の貧困以上に渇いているのかもしれない。

お役所の統計には出ていないが、現代の大学生と話していて驚くことがある。「卒業したら、在学中の仕送りや学費を親に返す」という学生が、かなりの数でいるのだ。僕自身は73年生まれの第二次ベビーブーム世代で、苛烈な受験戦争世代で、就職氷河期世代だったが、いま思えばなんと恵まれていたのだろうと思う。少なくとも僕らの世代には「仕送りを親に返す」という発想は、さほど普遍的なものではなかった。

具体的な数字をというのなら、奨学金を借りた学生の、卒業後の困窮も問題だ。奨学金を返せないという理由で裁判を起こされた元奨学生の数は、04年の訴訟件数58件に対して、12年の段階では6193件と、100倍超の激増となっている。その失望感、閉塞感は、比較にならない。

そんな中で、「マイルドヤンキー」「ソフトヤンキー」と呼ばれる新たな属性の若者たちにも注目が集まった。これは、高所得やキャリアアップを狙う人生よりも、低所得でも周囲の同世代や親兄弟と支え合う人生に価値を見いだす層のことで、マーケティングアナリストの原田《はらだ》曜平《ようへい》氏（博報堂）が提唱したものだが、いわば彼らは「諦観層」だ。

老人喰いの当事者の若者たちは、このとてつもなく分厚い停滞感、閉塞感の雲を、突き抜けた者たちだった。貧困世帯の出身者もいれば、中央集権社会・都市部集中型社会の中で見捨てられたかにみえる「貧困自治体」に育った者もいたし、大学進学までするも大卒後の就職難に喘《あえ》いだ者もいた。

だが共通するのは、彼らが非常に優秀で、異常なほどに高いモチベーションの持ち主だったことだ。閉塞感に飼いならされることも押しつぶされることもなく、抗《あらが》い続ける者たちだったことだ。血も涙もあった。むしろそうした人間的な情熱を過剰に抱えたタイプだった。

そして、すでに老人喰いは高度に組織化し、彼らの牙を先鋭化するために教育し、その高いモチベーションで犯罪行為に加担するよう差し向けるシステムが出来上がっている。

いわば彼らは、「経済的ゲリラ」。民衆の貧困など素知らぬ顔の貴族階級に刃を向けた中世の民衆と全く同様のルサンチマンを胸に、老人喰いを率先して行う。

本書には、老人喰いの「防犯知識」は書かれていない。単に高齢者の自衛知識について知りたい読者は、本書を買う必要はない。だが読み進めれば理解できるだろうと思う。どんな防犯対策を施そうとも、この「階層化社会」がある限り、老人喰いはなくならない。特殊詐欺犯罪がなくなったとしても、彼らは別の手段で高齢者に牙を剝き続けるだけだ。

また、これは高齢者の判断力の弱さを突いた犯罪でもない。彼らの中には、高齢者を騙して金を奪う完璧なまでのロジックが完成している。いまはまだ判断力も体力も充実している壮年世代も安心はできない。将来的な老人喰いのターゲットとして、確実にマークされている。

本書では、その現場に生きる若者たちの実像を、そのギラついた情熱を、ただただ記そうと思う。

本書ではできるだけ老人喰いの現場の息遣いや人物像、非常に複雑な組織形態を正確に伝えるために物語描写を多用するが、その全ては実際の関係者への取材をモチーフにした構成であり、ほぼノンフィクションと考えていただいていい。それぞれ登場する人物には、実在のモデルがいる。

第1章

老人を喰らうのは誰か

――高齢者詐欺の恐ろしい手口

†会社員風の若者たち

東京都心から電車で30分弱に位置するT駅前は、若干寂《さび》れた感じのする町だ。駅前ロータリーにはドラッグストアと喫茶店、牛丼屋などが並ぶが、スーパーマーケットは潰れてしまったようで、シャッターには閉店のお知らせのビラが貼られている。「テナント募集中」と大きく貼り出された2〜3階建ての商業ビルも目立ち、駅前唯一の娯楽と言える非チェーン系のカラオケボックスは、営業時間が朝11時から夜11時までというやる気のなさだ。

だがそんな不景気な町の表情とは打って変わって、大きな駐輪場には自転車がギッシリとつまっていて、この町が都心や隣接する製造業の工場地帯に通勤する人々のベッドタウン化していることを感じさせる。駅前の不動産業者の窓に貼られた賃貸情報を見れば、周辺エリアのなかでもこのT駅周辺がかなり格安な賃貸物件に恵まれた地域であることも分かった。

朝7時40分前、そんなT駅から伸びる1本の道を、多くの通勤者が疲れた顔で足をひきずるようにして駅へと向かうなか、その人の群れをかき分けるようにして逆に向かう若者たちがいた。世代は20歳から30代前半だろうか、地味なスーツに革靴を合わせ、短くまとめられた黒髪。今時風なピアスもなければアクセサリー類などもいっさいつけない、絵に描いたような堅実な会社員風だが、なぜだかその眼光《がんこう》は鋭い。

足早に歩く彼らは同じ会社に勤めているのだろうか？

だがなぜか彼らは、互いに目を合わせても軽い会釈をする程度で無言だ。そんな彼らが吸い込まれていくのは、駅から徒歩5分ほどで、付近を走る国道と駅から伸びる道の交差点近くにある、5階建ての古いテナントビルだった。

朝の渋滞が続く国道沿い、ファミリーレストランとコンビニに挟まれたビルは、古いながらもきちんと管理されていて、小綺麗だ。入居するオフィスを示すアルミの表札を見れば、法律事務所、小さな貿易商、インターネット通販の会社などが入っているようである。

若い会社員風たちの勤めるオフィスは、3階。だが、エレベーターに乗った会社員風のひとりは、不思議な行動をとった。3階のボタンを押すのに、握った拳《こぶし》の中指第二関節でコツンと叩くように押したのだ。この若者風の次にエレベーターに乗った男もまた、コツンである。

7時50分前、会社員風たちはオフィスの入り口でタイムカードを記録すると、窓際に置かれたホワイトボードの前に横一列に整列した。このホワイトボード以外には、背の低い簡素な商談テーブルと椅子のセットが3つ、それぞれパーティションで仕切られただけの、シンプルなオフィスだ。全員が並ぶと、その誰よりも早く出勤していた30代の男が前に立った。この職場の代表者と思われる男は、30代だろうか。その名は毒川《どくがわ》。やはりビジネスマンらしく地味なスーツに身を包むが、眼光はそこにいる誰よりも鋭い。大きく息を吸い込んで、毒川は朝の訓示をはじめた。

「おはようございます!!」

毒川の大声が部屋に響き渡ると、若者たちは、それに負けない大声で「おはようございます!」と返す。

「よーし、じゃあ、今日は持ち物検査からやります! それぞれとなりの人間のチェックしてやってくれ。何度もやってるから分かると思うけど、ここに持ち込んでいいのはタバコ、稼業携帯、現金だけだからな。特に身元の分かる免許証、クレジットカードとか、自分名義の携帯電話持ってたら、この場で半殺しにすっからそのつもりで!」

サラリーマン風の風貌からは想像もつかぬ、ドスの利いた迫力ある声が部屋に響き渡ると、若者たちはお互いにカバンやスーツのポケットなどを綿密にチェックし合う。が、それでも1分に満たないような短時間だった。ほとんどの者が現金と携帯1本しか持ってきていないからだ。

誰も「違反者」はいないことを確認すると、この毒川は再び大きな声で檄《げき》を飛ばした。

「それじゃ始業前にいつもの唱和やります。全員、気をつけ!!」

若者たちは軍隊のように背筋を伸ばし、両手を腰の後ろで握り合わせると、大声でお題目を唱える代表者の後に続いて唱和をはじめた。

「御法度九カ条ぉぉぉ! 酒ぇ! 薬ぃ! 女ぁ! 博打《ばくち》ぃ! 喧嘩ぁ! 他業ぉ! 服装ぅ! 家族ぅ! 銀行ぉ!!」

見れば、毒川の指差すホワイトボードにマグネットで留《と》められた色紙には、この唱和のお題目が太いマジックで大きく書き並べられている。若者たちは、毒川が大声で言うお題目を次々に復唱していくが、すでに覚えているのか誰も色紙に目をやることはなく、正面を向いたままだ。

「それじゃ、本日もよろしくお願いします!」

「お願いします!!」

毒川の言葉を合図に、ようやく業務開始。若者たちはその緊張した表情を崩すことなく、商談テーブルの椅子に座り、手元のフォルダを広げる。3人1組の3チーム制のようだ。

「昨日どこまでだったっけ?」

「80番台だったと思うけど」

低い声で話す横では、首を回しながら「あ、あー、あー」と発声練習のようなことをしている若者もいる。3チームそれぞれの商談テーブルに、毒川が1本ずつの携帯電話と、飲み物のペットボトルを置いて回った。

†彼らは誰を狙っているのか

さて果たしてこの事務所、いったい何の会社だと思うだろうか?

実はこれは、現在もその被害を拡大させ続ける「特殊詐欺犯罪」の中でも最もスタンダードな「オレオレ詐欺」(家族や親族の名を騙《かた》って電話をかけ金銭を詐取《さしゅ》する)の箱(店舗事務所=実行犯グループ)での、毎朝の光景。僕がオレオレ詐欺の組織統括者である「番頭《ばんとう》」格の経験者への取材で聞き取ったことの、再現描写だ。会社員風の若者たちは、現場で通称「プレイヤー」と呼ばれる、被害者に電話をかける要員。彼らはまさに世間を騒がし続ける詐欺犯罪の、「見えざる電話の向こう側」というわけだ。

初めてこうした詐欺の箱がどのように管理運営されているかの取材ができたのは09年頃だったが、その時に受けたカルチャーショックは、いまもって忘れることができない。詐欺は言うまでもなく犯罪であり、その組織に従事する者はみな犯罪者であるわけで、その事務所といえば漫画に出てきそうな「見るからにヤカラ」な若者がたむろする異世界なのではないか？　これが一般的な認識だろうし、僕自身も彼ら詐欺の現場要員に接触しはじめた当初は同様に思っていた。

だが実際に現場の人々に話を聞けば聞くほど、目から鱗《うろこ》が落ち続ける気分だった。詐欺の現場は、高度に統制された集団。彼らの管理された行動には、一挙手一投足にまで理由があり、逆に無意味な行動は一切許されない。気持ちいいほどに合理化されている。ならば、そこまで徹底的な管理組織を作り上げた理由は何か？　答えは「何があっても絶対に詐欺の現場が警察の摘発を受けない」ためだ。

その集団は、極めて純粋に、ただ「摘発を受けない」という一点を目標として、統制されていた。実は前述の「詐欺の箱の朝」の描写でも、そこには多くの摘発対策が組み込まれている。

例えば、駅から事務所に向かう際にプレイヤー同士が挨拶すら交わさなかったのは、彼らが個人的に横のつながりを持つことで、ひとりが捕まった際に芋《いも》づる式逮捕とならないようにするための制約だ。彼らは詐欺の店舗が稼働中は、お互いに連絡先を交換することを固く禁じられ、仕事帰りに飲みに行ったなどということがバレようものなら厳しい制裁の対象となる。店舗の方針によっては、本名を教え合うことすら禁じられて全員が「稼業《かぎょう》名《めい》」を名乗り合っていることもあるほどだ。

また、彼らの地味なサラリーマン風の風貌は、通勤途中の通行人やビルの他のテナントの人間などから「怪しい人たちが集まっている」などと勘ぐられないためだが、詐欺の店舗では中高生の校則並みのドレスコードが徹底されている。髪色やその長さをはじめ、スーツの色や革靴の型、腕時計のグレードまで指定され、当然若者風なピアスやアクセサリーなどは絶対厳禁。刺青《いれずみ》がある者はたとえ真夏でもスーツの上を脱いだりワイシャツの腕をまくることは許されない。目つきが鋭すぎればダテ眼鏡をかけさせ、目立つ傷があれば絆創膏《ばんそうこう》で隠させるほどの徹底振りだ。

一方で詐欺の店舗では、万が一箱に警察が踏み込んでしまった際のガードも細かく考えられている。例えばエレベーターでの「コツン」は、階数ボタンを指で押して指紋を残せばその後の捜査の資料になるからで、前科があって警察に指紋を取られた履歴のある者の中には、乾くと薄いゴム質の膜状になるボンドを指先に塗る者すらいる。

　持ち物検査で調べられたのは、警察が踏み込んだ際に箱に残してしまうと身元の特定に繋がってしまう物の一切合切。そもそも箱にこうした品を一切持ち込まなければ、万一の際にプレイヤーたちはその身ひとつで逃げ切れば良いということになる。となれば当然、自家用車やバイクでの通勤も御法度だ。車通勤では免許証が必要になるし、たとえ箱に免許証を持ち込まなかったとしても、付近の防犯カメラにプレイヤーと車両ナンバーが紐づく映像が残るリスクがあるからだ。

　駄目押しに、こうした管理は箱での勤務中に限られたことではない。むしろプレイヤーたちは、勤務時間以外の私生活でこそ、警察に目をつけられる行動をとってしまいがち。そこで出てくるのが、前述の奇妙な唱和「御法度九カ条」。この九カ条はまさにプレイヤーたちの日常生活において警察や周辺に疑われたり内偵捜査に結びつきそうなポイントを押さえたもので、毎朝の唱和でこれを徹底的に習慣付けさせることを目的としている。

　例えば冒頭の「酒」は、詐欺で稼いだ巨額を使って不用意にキャバクラなどで豪遊して、「若いのにあいつの資金源はなんだ？」と疑われないための御法度。薬物の使用は論外の御法度で、そもそも薬物の乱用歴のある人間は詐欺の箱には出入り禁止だ。また、女に自分の稼業を教えるのも「あいつは詐欺で稼いでる」と噂の種になりかねない。博打や喧嘩も別件の逮捕から詐欺への関与を警察に問いつめられるきっかけになるし、他の裏稼業（違法な仕事）をすることもまた別件逮捕のリスクを伴うだろう。

服装は前述した通り、家族にだって妙に金回りがいい理由を疑われてはならない。最後の銀行というのは、詐欺で稼いだ金を自分名義の銀行口座に入れるなということ。なるほど正業《せいぎょう》にも就かず納税もしない若者が突然巨額の預金をすれば国税が不審に思い、これまた警察の捜査に結びつきかねないため、金は現金でどこかに隠しておけというルールだ。

こうしてプレイヤーたちは、その私生活から疑いの目を向けられることを、徹底的に排除しているのだ。

どう思われるだろうか？　彼ら詐欺関係者への取材を通して、僕は呆《あき》れるを通り越して感心することのほうが多かった。

もちろん詐欺の店舗全てがこれほど高度というわけではない。中には、見るからに不良っぽい若者が場当たり的にやっているものもあったし、詐欺店舗が稼働して数週間でプレイヤーが逮捕されるといった例もあった。だがそれはあくまで「二流店舗」であって、上記したような徹底した管理術は一流の詐欺組織であれば、どこもがそれぞれのやり方で採用していた。いわば「テンプレート化」していたのだ。

驚くべきは、詐欺業界の進歩の速さだろう。オレオレ詐欺の被害が激増したのは、2003年。それからすでに11年が経ったが、実はその03年からほんの3～4年の段階で、こんな組織管理のテンプレートは出来上がってしまっていた。その時代の流れについては、拙著『振り込め犯罪結社』（宝島社）に詳しくまとめたが、ここで少し考えてみてほしい。彼らはいったい、詐欺のターゲットとして「誰を」ねらうだろうか？

詐欺のターゲットは、決して無作為に選ばれているわけではない。これほど高度な管理を成し遂げられる者たちが、この犯罪を生み出してから、もう何年もが経過しているのだ。当然、彼らは「詐欺で最も効率よく、かつ高額を奪える相手は誰なのか」についての考察も、徹底的に深めていった。いまの日本でもっとも現金を抱え込んでいて、かつ騙されやすいのは誰か。必然的に彼らがターゲットとして絞り込んだのが、高齢者だ。

†高齢者詐欺の驚くべき進歩

実のところ詐欺組織は、高齢者をどのように騙し、どのように金を取るかという目的に特化して進化してきたと言っても過言ではない。

その中で最も急激な進化を遂げたのが、詐欺組織の「協力業者」として現場店舗にターゲット情報を提供する、名簿屋《めいぼや》だ。そう、現代の詐欺は決して手当たり次第に電話をかけているわけではない。そこには必ず、電話をかける相手の名簿が存在するのだ。

とはいえ、オレオレ詐欺元年と言われる03年～04年当時では、それこそNTTの発行する電話帳・ハローページをもとに、高齢者と思《おぼ》しき相手にローラー作戦的に電話をかけるという非効率な方法が取られていた。当時の現場プレイヤーによれば、高齢者の女性名の特徴である「1文字の名前」「平仮名やカタカナの名前」にマーカーを引き、そこに電話をかけていたというのだ。

これはこれで、一定の被害を出した。というのも、女性名で電話帳に登録されているということは、すでに配偶者の男性に先立たれている高齢女性である可能性が高い。子供世帯と同居していなければ、相談できる相手がいない独居高齢者女性となるわけで、まさにこれが詐欺のターゲット、どまんなか。ということで数撃ちゃ当たるの精神で電話をかけまくったのだというが、そこには根本的な情報が欠けていた。「相手が現金を支払う能力があるかどうか」である。

そこで参入してきたのが、「名簿屋」だった。といってもそれは、「普通の名簿屋」ではない。まず名簿屋という言葉で誰もが思い浮かべるのは、いわゆるDM（ダイレクトマーケティング）をサポートするための名簿を提供する業者だろう。何の縁もないのに自宅に送られてくる様々なダイレクトメールの封筒。そのベースとなっているのは、様々な属性の人々を名簿化し、場合によってはダイレクトメールの作成から発送までを代行する、いわば広告代理業としての名簿業者だ。ところが、詐欺の世界に参入してきたのは、こうしたDM系名簿業者とは似て非なる業者だった。

彼らは元々、悪質訪問販売業者や悪質通販業者などの既存購買者（被害者）を名簿化することで、悪質商法や犯罪の支援業者として暗躍してきた。こうした被害者名簿は「やられ名簿」と呼ばれ、例えば高額布団《ふとん》の押し売りに負けて購入してしまったら、高額の浄水器や耐震補強のリフォーム営業や先物取り引きのお勧めなどが連日押しかけるようになったという話は、このやられ名簿に名前が載ってしまったことによる。果てはこの名簿が新聞の集配所にまで流出し、全国紙の新聞全紙を取らされるなどという話もあった。

要するに、ある程度払う金があって、「断ることが苦手」な属性の人間は、何度でもどんな手口でも押しに負ける。そんな考えのもとに作られ続けてきたのが、このやられ名簿だったのだ。

当然詐欺の現場でもこの「押しに弱い」はターゲットとなりうるわけで、初期は名簿屋を介してこうしたやられ名簿がそのまま詐欺組織に売却されるということもあった。だが、それはあくまで初歩の初歩の話だ。

詐欺現場の要請は明快だった。「もっと騙しやすく」「もっと金を持った高齢者だけの名簿」が欲しい。これに応じて、名簿屋は新たなる展開をすることになった。元々高齢者の名簿というのは、前述したような一般のDM系名簿業者でも大量に在庫しているものだ。だがそこに記載されるのは、多くの場合は本名と住所と電話番号のみ。加えて生年月日でもついていればよい方といった程度のものでしかない。そこで名簿屋は、名簿に記載された高齢者に対して直接連絡を取り、様々な付加情報を強化してから詐欺組織に名簿を提供するようになったのだ。

この「情報強化」こそが、詐欺業界における名簿屋の進化そのものだった。

†高齢者を狙う「騙り調査」の実態

まずはどのように調べるのか。ここで使われるのが「騙《かた》り調査」という手段だ。例えば国勢調査、地元警察の防犯のための調査、地元福祉事務所による高齢者の居住状況や安否調査などを装って自宅に電話がかかってきたらどうだろうか？

ある穏やかな午後、高齢者宅の電話が鳴る。出た電話の相手は、穏やかな声の男性だ。

「お忙しいところ申し訳ございません、こちら〇〇警察署の生活安全課ですが、ただいま高齢者の防犯のためにいくつかのご質問と安全確認をさせて頂いております。お時間よろしいでしょうか？」

あらまあ、ご丁寧にありがとうございます。電話口で頭を下げる高齢者の姿が目に見えるようだが、これが騙り調査の手口だ。

あくまで相手は公的機関名を「騙り」、高齢者の安全確認や社会的な調査業務のためにと言って電話をかけてくるのだ。素直に応じてしまうのが普通であって、この時点で疑ってかかればむしろ「猜疑心《さいぎ》まみれの老人」と揶揄《やゆ》されるかもしれない。だが、これが甘い。

こうした調査のことを、詐欺の現場では「下見調査」といい、名簿屋自身がそれを行ったり、詐欺のプレイヤー引退者が独立した「下見屋」として調査業務を委託されることもある。そしてそこで聞き取られるのは、すべて詐欺組織の要請に沿ったものだ。

例えば……

・居住形態は持ち家か賃貸か。
・独居なのか、家族と同居か。
・配偶者と死別しているなら、その名前、死亡年月日はいつか。
・独居であれば、子供や家族・親族とはどのぐらいの頻度で連絡を取っているのか。
・経済的な不安はないか。不動産や証券などの他に現金の持ち合わせはどのぐらいあるのか。
・金融資産は現金で所持(タンス預金)しているのか、銀行に預けているのか。
・不安なことを相談できる相手は身近にいるか。
・在宅介護サービスなどを受けているか。受けているなら利用頻度や形態はどのようなものか。
・健康不安はないか。判断力が低下していたり、認知症のリスクを感じることはあるか。
・悪徳商法などの被害に遭《あ》ったことはないか。
・緊急時に連絡を取るべき子供などの氏名、住所、連絡先、勤務先や所属部署はなにか。

かなり踏み込んだ内容だが、あくまで下見屋は公的機関の名を騙って、「こんな不安はありませんか」といった体《てい》で聞き取っていくのだから、まずい。なぜなら、様々な不安を抱えている高齢者こそが、詐欺のターゲットだからだ。

そして最悪なことに、下見屋業務の経験者が言うには「詐欺のターゲットになりがちな高齢者」ほど、そのすべてに対して非常に丁寧に答え、なおかつ聞いてもいないことまで自発的に長時間に渡って話してくれるというのだ。これは、独居で孤独と不安を抱えた高齢者の心理だろうが、それこそが下見屋の思う壺《つぼ》ということになる。また、こうして公的機関の名を騙った調査の電話をかけることそのものは、即座に大々的な捜査の対象となるようなことはない。下見屋経験者は「丁寧ないたずら電話みたいなもんですよ」と言う。

ではこうした調査で得られる情報に、詐欺の現場はどんな価値を見いだすのか。そして、どんなターゲットに絞り込んでいくのだろうか。

まず第一に、大前提となるのが「詐欺組織に対して払う金を持っている」ことだ。かつて銀行を介して金を振り込ませる振り込め詐欺の手段が中心だったときは「十分な預金額」をもっていることが条件だったが、金融機関の犯罪対策によって詐欺の集金手段が「手渡し」「宅配便や簡易《かんい》小包（郵便局のレターパックなど）」に移行した現在では、自宅にタンス預金を持っていることがベストとされている。いずれにせよ金を持っていない高齢者は、狙うだけ無駄というわけだ。

さらに、独居で子供とも地域とも交流が少なく孤立していること。判断力が低下傾向にあり、すでに悪質商法などの被害に遭ったが相談する相手がいなくて泣き寝入りしているなどという情報があれば、なおよい。詐欺のプレイヤー経験者が下見屋業務をする場合、相手の反応や口調から「騙せるタイプ」を瞬時に見極めることすらできるという。

そして駄目押しが、別れて暮らしている子供・親族などの詳細な情報だ。ここまで調査が及んでいれば、こんなシナリオが可能になる。特殊詐欺犯罪の中でも最も古典的なオレオレ詐欺で、基本となる「三役系」と言われる詐欺のシナリオを例にとってみよう。

†もしもし、健介だけど……

時刻は午前9時。オフィスに出勤したプレイヤーたちが、持ち物検査や「朝の唱和」を終えて3人1組で商談テーブルにつくと、この箱の「店長」格である毒川はおもむろにラジカセのスイッチを入れた。だが、流れ出すのは音楽でもラジオ番組でもない。大音響でラジカセのスピーカーを震わせるのは、人ごみを思わせる雑踏の音、そして電車の音だった。

「間もなく3番線に、通勤快速川越《かわごえ》行きがまいります。危ないので白線の内側まで下がっておまちください」

これは、だれもが聞き慣れた、駅構内の音だ。だがそれに加えて、なぜか電話など「オフィスの音」まで混ざっている。

喧《けたたま》しくなった事務所の中、若いプレイヤーのひとりが、緊張した面持ちで携帯電話を手にした。手元には、ファイルされた名簿。細かく書き込まれた情報を読み取り、深呼吸をして携帯電話をプッシュする。

電話口に出た相手は、高齢の女性のようだった。

「ああ……もしもし、健介《けんすけ》だけど……。ハア……僕……」

ガックリと肩を落とす若いプレイヤーの声は、かすれていて、まるで瀕死の病人のようだ。名乗った健介という名は、電話口に出た女性の息子の名前だろうか。明らかに異様な様子の言葉に「健介？　健介なの？　どうしたの？」などと狼狽《うろた》えている女性だが、若いプレイヤーは携帯電話に向けて、ため息のような声を入れるばかり。

そんな男から、今度は若干年かさのプレイヤーが携帯電話を受け取り、電話を代わった。

「もしもし、守口《もりぐち》健介様のお母さんでいらっしゃいますか？　こちら、JR埼京線大宮駅の鉄道警察隊の杉山《すぎやま》と申します。本日8時半頃、健介さんが電車内で女子高生に痴漢《ちかん》行為をした容疑で逮捕し、ただいま取り調べをしておりまして……」

と、ここで3人組のプレイヤーの第三の男が、この「鉄道警察隊の杉山役」のプレイヤーから携帯電話を乱暴に奪い取った。そして電話口に凄まじい大声でまくしたてはじめたのだ。

「おう！　その被害者の女子高生ってのはな、俺の娘だ！　娘から泣きながら電話があって飛んできたらクソ！　お前の息子、なんてことしてくれんだよ！」

これは、痴漢の被害者の父親役だ。この父親役と鉄道警察役は、携帯を奪い合いつつ、電話口の女性に対して情報を染み込ませていく。

「ちょっとお父さん、いまそういう話は」

「うるせえ！　あんたなら自分の娘、こんなにボロボロにされて収まるのか！」

「ちょっとあんた！　これじゃ、あんたも逮捕することになりますよ!?」

納得いくか！　という顔で、商談テーブルを大きな音で蹴飛ばす父親役。もちろん破壊音も、相手の女性には伝わっているはずだ。

再び電話の主導権を握ったのは、鉄道警察役だった。

「混乱していて申し訳ない。それで、健介さんですが、通常ですとこのまま所轄の警察署に連行しまして、留置所にて裁判を待つ流れなんですが、ご本人が罪状を100％認めてまして、できれば示談《じだん》交渉にしたいと。示談の場合は民事事件となりますので、我々警察としましては、不介入ということで……」

ここで再び、痴漢被害者の父親役が、携帯電話を乱暴に奪い取る。

「示談とかふざけんな！　どういう育て方したんだあんた、これあんたの責任だぞ！　まず謝れよ親として！　うちの娘はな、ずっと中学校時代いじめられて不登校で、やっと落ち着ける高校に入って、これからってタイミングなんだぞ！　あんたの息子、その娘の人生台なしにしやがって、金でどうこうって話じゃねえだろ！　聞いたらなんだぁ？　東日本銀行の社員だと？　んな大企業勤めといて、しかも課長!?　どこまで屑《くず》なんだよテメェの息子は！　あんたの息子の名前も会社も、痴漢野郎だってネットに書きまくって、会社の近所にも取引先にもビラまきまくってやる！」

肩をいからせ、顔を真っ赤にして怒鳴り続ける父親役は、興奮のあまり汗まみれだ。そこに、同じく必死の表情で割り込む鉄道警察役。再び携帯電話を奪う。

「だから、同じ話を何度やるんですかあんたは！　健介さんのお母さん？　相手方がまた興奮なさっていて、申し訳ないんですが、一応先ほどお話ししまして、相手の方の会社の部下の方をこれからそちらのご自宅の方に向かわせて頂いてですね、そこでひとまずの示談金をお渡しいただくという形でよろしいですか？　健介さんはこのあと調書作成がありますが、示談ということになれば民事ですので警察の仕事はここまでです。調書ができたら、そのまま会社に出勤されるということで……」

また父親役が、息を切らせながら電話を奪う。

「ババア！　娘の人生だぞ!?　俺だって人の親だから泣く泣く呑んでやるけど、はした金で済むと思うなよ!?　ありったけ用意しとけ！」

†三役系の騙しのロジック

これが三役系シナリオであり、その中でも定番と言われる「テッケイ」（鉄道警察）という手口だ。

三役系とは3人のプレイヤーが別々の役割を演じるもので、なるほど警察などがいう「劇場型詐欺」というのも分かる。まるでプレイヤーたちは劇団員だ。では、このシナリオによって被害者はどんな心理に追い込まれるのか。より踏み込んで、プレイヤーたちの狙いを見ていこう。

まず基本の構図は、ターゲットとなる高齢者の家族が、誰かに「とりかえしのつかない迷惑をかけた」というもの。3人のプレイヤーにはそれぞれ「ターゲットの家族＝加害者」（健介）、「その家族から被害を受けた当事者」（痴漢被害者の父親）、「非当事者の第三者」（鉄道警察役）の配役が割り当てられる。

第一の息子役はターゲットに電話をかけて名乗るだけで、ほとんど話す必要がない。むしろ、話が長くなるほど、本当の息子なのかを疑われてしまうため、ただ痴漢で捕まってしまったことに動揺し、失う社会的生命におののいて、掠《かす》れ声で泣きじゃくっている様を演ずる。自分の罪の重さに耐えかね、まともに話すこともできない状態だ。

第二の被害者役は別名「キレ役」。とにかく被害を受けたことに激怒していて、恫喝《どうかつ》の声で畳み掛ける。法的制裁だけではその憤りを収められず、私的制裁に及びかねない迫力だ。心情的には「金で解決するつもりもない」ほどの怒りを演出する。

最後の鉄道警察役は、追いつめられたターゲットにとっては「救いの手」だ。三役の中で唯一冷静であり、荒ぶる被害者役をなだめつつ、示談で済ませられるのであれば、済ませてもいい。もし逮捕となればこれで失う社会的信用は計り知れないが、どうにか示談で収めれば逮捕も失職も免《まぬが》れることができると提案して「くださる」。

このままでは警察で取り調べを受けて留置され、会社も欠勤し、バレてクビになる。その後は刑務所での懲役だ。だが、もし示談金を用意してこの場で話を収めることができれば、その社会的ダメージを回避することができる。さあどちらにしますか？　そんな判断を、ターゲットに迫るわけだ。

三役系のシナリオはこの配役が変わるだけで、非常に多くのパターンがある。

「同僚の奥さんと不倫をして妊娠させた息子」と「当事者の同僚」と「仲裁役の弁護士」が配役され、「示談にするか、ことを表沙汰にして会社をクビになるか」と迫ったり、「会社の金を横領《おうりょう》した息子」「横領によって不渡りを出しそうな経営者」「なんとか社員の家族から繋ぎ資金をお借りして不渡りだけは回避しようと提案する専務」が配役されたり、「交通事故を起こした息子」「車を当てられて流産してしまった妊婦の夫」「呼び出された弁護士」などなどだ。いずれにせよ、基本的に騙しのロジックは、共通していると詐欺の現場プレイヤーは口を揃える。

ポイントは、息子役以外の二役が代わる代わる電話口に出ることで、ターゲットを混乱させることだ。絶体絶命のピンチと救いの手を同時に投げかけることで、むしろターゲットの側から「お金を払わせてください。なんとか息子を助けてやってください」とお願いするような場面に持ち込むのが、この三役の妙技と言える。

†下見調査が可能にする詐欺シナリオ

お見事としか言いようがないが、実はこの三役系シナリオ、オレオレ詐欺黎明期《れいめい》にはもう少し単純なものだった。上記のシナリオは、まさに名簿屋・下見屋の情報強化によって被害者一族の情報が詐欺の現場に筒抜け状態となったことで、実現したものだと言える。これにより、一時は詐欺業界の中でも「古い手段」とされたこの手口が復活した。

例えば、前述の再現では、息子役は電話をした時点で実際の息子の名前を名乗っている。決して「俺、俺だけど」なんて言わない。息子の妻の名前も調べていれば、泣きじゃくりながら「美佐子《みさこ》には知られたくない」などと言うことも可能だ。

また、父親役の言葉の中に、息子の勤める会社と役職も含まれている。当然リアリティは高まるし、被害者心理としては「詐欺師がそこまで知ってるはずがない」と思うかもしれない。息子の会社や部署などの詳細情報が分かっているのだから、仲裁役が鉄道警察ではなく「息子が会社の所属部署で頼りにしている上司」といったシナリオの展開も可能となる。これも下見調査で情報を強化していればこそだ。

提案する示談の額にしても、ターゲットの資産状況が分かっていれば、具体的に払える額の提案が可能だ。自宅にタンス預金として金を持っていることが分かっていて、しかも身近に相談できる相手もいないと分かっているから「いまからご自宅までバイク便で引き取りにうかがわせる」「30分以内に指定住所までレターパックに現金を入れて送ってほしい」と時限をつけて焦《あせ》らせ、ただでさえ混乱している状況から判断力を奪うこともできるではないか。

こうして情報強化された名簿は、詐欺トークのリアリティを増すツールとなるわけが、恐ろしさはそれだけではない。詐欺の現場プレイヤーは下見屋で擦《こす》った（情報強化した）名簿を使うことで、「相手が半分詐欺だと気づいていても、詐欺だと確信していても、金は取れるようになった」と言うのだ。いったいどういうことだろうか？

†被害者の心理は知り尽くされている

詐欺の現場プレイヤーは、それこそ1日に何十本という詐欺電話をかけ続けることで、ターゲットの被害者心理について精通したプロとして成長する。その結果、こんな信じられないようなロジックが構築された。

例えばターゲットの高齢者が、「何かこれは怪しい、詐欺じゃないか？」と思ったとしても、電話の向こうでは激怒した「被害者役」が喚《わめ》き散らしている。そして電話の相手は、自分の自宅住所どころか、息子の自宅住所も会社も所属部署も、孫の名前や通っている学校まで知っていることを匂わせる発言をしているのだ。こうした場合、ターゲットの高齢者はどんな心理に陥《おちい》るだろうか。

もしここで詐欺だと断定して電話を切ってしまったら、万が一詐欺でなかった場合に息子の社会的生命は奪われる。かといって、詐欺を疑って警察に連絡して、もしこれが詐欺でなかったとしたら、示談どころか息子の立場はさらに追いつめられてしまう。

多くの場合、被害者はこの葛藤に敗北して、まんまと金を奪われてしまうのだが、プレイヤーたちの狙いはさらにその先にある。

「これは確実に詐欺の電話だ」と被害者が感じたとき、ある種の被害者は、「息子が社会的生命を奪われる」のと同様か、それ以上の不安に駆られてしまうのだ。なぜなら情報を強化した名簿で架電《かでん》（電話）している時点で、詐欺電話の端々《はしばし》から大切な家族の個人情報が詐欺師に掴《つか》まれていることを、被害者は把握している。となれば、被害者の胸中に沸き起こるのは、被害者本人や子供や孫にまで「詐欺犯罪者による報復」が行われるかもしれないという不安だ。

「嫌がらせで放火されたり、子供や孫がさらわれて殺されたりはしないだろうか。詐欺をやるからには人殺しなんか全然平気のはずだわ、どうしよう」である。

実はここに、詐欺の現場で「Sはキレ役（Sは詐欺の隠語）」と言われる所以《ゆえん》がある。こうして不安に陥るターゲットに対して、キレ役がド迫力の大声で激昂《げきこう》し続けていることが、相乗効果となって現れてくるのだ。

例えば町中で男の野太い声で喧嘩の声が聞こえたときに、自分は無関係なのにビクッとしてしまう人はいないだろうか。いわばこれは暴力に対する耐性・抵抗力のないということだ。もし下見屋が詐欺プレイヤー経験者だった場合、言葉の端に威圧的な雰囲気を込めて「相手の反応を計る」ということまでしている。

こうして強化された名簿に「暴力耐性なし」と記されたターゲットにとって、キレ役の言葉はまさにその暴力を予感させるものであり、詐欺と断定して電話を切った後の暴力による報復をも予感させてしまうのだ。

実際には詐欺のプレイヤーが直接被害者に報復を加えることは、まず9割9分あり得ない。というのも、詐欺犯罪とは相手に直接的な危害を加えることなく、相手と対面することもなく電話口の演技だけで現金を奪うことが狙いだからだ。実際に相手に危害を加えることは「警察の捜査のお手伝いをするようなもの」であって、金が奪えないと判断した相手にはさっさと興味を失う。

被害者も落ち着いて考えれば分かろうものだが、不安に苛《さいな》まれた結果「でも1%でも報復の可能性があるなら、お金を払って二度と電話がかかってこないようにしたい」という気持ちの方が大きく働いてしまう。

これが現場プレイヤーの言う「詐欺と疑われていても金は取れる」の理屈。これでは詐欺ではなく脅迫・恐喝《きょうかつ》だが、情報強化された名簿を得た相手を前に報復の不安を完全に取り除くためには、それこそ自宅と息子の自宅や会社、孫にまでボディガードをつけるか引っ越しでもさせない限り、安心できないだろう。

だが、これでは相手の思う壺にもほどがある。そもそもこの「金を払って逃げてしまいたい」という心理は、強面《こわもて》の押し売りに玄関に居座られて「帰ってもらうために高額の商品を購入してしまう」心理と何ら変わりなく、裏稼業の業界では散々知り尽くされてきた被害者心理だからだ。だからこそ、こうした被害者を詐欺プレイヤーは見逃しはしない。

駄目押しとなるのが、詐欺の現場プレイヤーたちが「フィーバー」と呼ぶ状態だ。

フィーバー状態とは、一度金を奪ったターゲットから二度三度と金を奪い続ける「オカワリ」をすることで、より高額の金を得ることを言う。語源はズバリ、パチンコの出玉《でだま》が止まらなくなるフィーバーだろう。

熟練のプレイヤーは、電話口の向こうにいるターゲットが、言葉は冷静を装っていても内心は恐怖のために極度の混乱状態に陥っていることを、見逃しはしない。ターゲットが暴力への不安に屈服する相手だと判断した場合、ここに波状攻撃で様々な詐欺を打ち込み、何度もオカワリする方針を採る。被害者は報復を恐れるあまり、警察にも誰にも相談できないまま、金を奪われ続けるのだ。

多くのプレイヤーを管理してきた詐欺組織の番頭格の談では、「9回連続で金を払って一度も警察に相談もしなかった」というターゲットがいて、現場のプレイヤーはほんの2週間で6000万円もの売り上げを出したという。まさに彼らにとってこうしたターゲットは、出玉を出し続けるパチンコ台そのものだ。

いかがだろうか。詐欺の加害者側の取材のなかでとにかく痛感したのは、「詐欺に遭う側が愚《おろ》かだ」という言説がいかに愚かかだ。そうではない。騙す側が、圧倒的に洗練されているのである。詐欺組織は徹底的に管理された高度な集団で、プレイヤーたちがこうした役回りの技術を徹底的に磨き上げ、それを支える名簿の精度が急速に進化したから、被害は減らない。

しかもこれは、数ある特殊詐欺犯罪の中でも最もシンプルなオレオレ詐欺の、その中でも古典的と言われる三役系シナリオのロジックにすぎないのだ。詐欺の現場では「伝統芸能」と揶揄されることすらあるこの手口でも、もはや「どうすればこの集団から被害を免れることができるのだろうか」と思ってしまうのではないだろうか。

だが、状況はさらに悪化している。前述したように実際には詐欺店舗にもピンキリはあるが、熟練プレイヤーと強化名簿を抱える、いわば「本筋」の詐欺組織では、2013年頃からさらに新たなる動きがはじまっているのだ。それが、「名簿の内製化」と、「ストック強化」。これは一体どういうことだろうか。

ここで前述した、DM系の名簿業者のことを思い出してほしい。元々日本では、様々な事業者の営業支援として、多くの名簿が合法の商品として出回っている。最も一般人の記憶に新しいのは、ベネッセの顧客情報漏洩《ろうえい》事件だろう。

†漏洩した顧客情報のゆくえ

SEを介して実に約2300万件の名簿が流出し、名簿業者へと売却されてしまったベネッセ顧客情報漏洩事件は、社会に大きな波紋を呼んだ。売却された名簿はさらに転売され、最終的に英会話大手のECCやIT大手のジャストシステムなどの販促用名簿に辿り着いていたと報道にある。

実際、詐欺の現場感覚では、ベネッセの顧客情報は「就学世代の子供を持つ親」の名簿であって、ターゲットを高齢者に集約しつつある詐欺の名簿に転用されるようなことはないという。だが昨今、現状では合法の業種として堂々と営業展開しているDM系名簿業者のもつ名簿が、詐欺に関与する裏の名簿屋によって買い集められているというのだ。

ベネッセ事件の直後に取材をした詐欺系名簿屋業の男は、こんな証言をした。

「DM系の名簿業者が商品とする名簿をベースにした詐欺は、オレオレ詐欺初期からありました。例えば04〜05年頃には学校や病院の先生の家族をターゲットにしたオレオレ（詐欺）がありましたけど、医師については医大の学生名簿、公立学校の教師については毎年4月に移動人事の名簿が回ってて、これをベースにしてましたね。いま詐欺の主流はなんと言っても高齢者ですが、これについてもDM系業者には高属性の人間を集めたデータがたくさんあるんです。例えば不動産投資家名簿、公務員退職者や大企業退職者名簿、マンションオーナー名簿から、ゴルフ場会員名簿などなど。簡単な話ですよ。これらはいまはデジタルデータ化されているものもあるので、例えばこれと従来のヤラレ名簿を同一データに落とし込んでソートすればどうですか？ どっちの名簿にも入ってる人間がいればすぐ分かるし、それは高属性で騙されやすい人間ですよね。こんなのデータ上の作業ですから、スクリーニングは一瞬です」

実際にネットが使える方は、DM系業者の保有名簿リストを検索してみればいい。「富裕層退職者」「航空会社退職者」「リゾート会員」「高額ジュエリー購入者」などなど、どこで集めたのか、そもそもこれを商品化していて良いのかといった名簿が並んでいるのが分かるはずだ。

名簿屋の言うようなスクリーニングは、素人でも簡単に考えつく。

例えば、高資産額者の名簿に名前が記載されていて、かつ高齢者介護施設などへの資料申し込みをした名簿にも名前が記載されている人物がいたらどうか？ これは「お金はあるが、すでに行動力や判断力に不安を抱えている」というふたつの属性を満たすことになる。まさに詐欺のターゲットではないか。

もちろん、DM系業者の扱う名簿のほとんどは、本名と生年月日や電話番号・住所のみといったシンプルなものにすぎず、そのまま詐欺に使えるようなものではない。だがここに、前述したような下見調査を加えればどうか、出来上がるのは「最強詐欺名簿」だ。

いま、詐欺業界の水面下ではこうした最強名簿を作るべく、DM系名簿業者からの素材買い付けが盛んだという。詐欺系名簿業者の男は「単に高齢者というだけの名簿で詐欺をかけた場合の成功率は0・25％程度だが、情報強化した名簿では成功率40％もありうる」と言う。数字の信憑《しんぴょう》性はさておき、恐ろしい話だ。

†老後の詐欺被害は他人事ではない

加えてここ1年ほどで、この裏の名簿業者と詐欺グループとの関係にも、大きな変化が起きている。最新の状況について、詐欺グループの現役番頭の証言はこうだ。

「ネタが決め手っていうのは身に染《し》みてます。俺がプレイヤーで下積み時代は、しょーもないネタ屋（名簿屋）から1名単価3円で仕入れた生《なま》名簿（情報強化していない名簿）使ったことありましたけど、それで電話したらババアが凄い怒ってて『今月だけで12回も同じような電話かかってきた！』って言うんですよ。もう別の店舗でどれだけ使いまわしたのか、コピーのコピーのコピーぐらいで文字なんかかすれてて。それに比べればプロのネタ屋が擦った（情報強化した）ものは、ハンパなく上がる（儲かる）んですが、その分とにかく高い。まだどこの店舗も使ってない名簿を一番名簿って言いますが、一番だとネタ屋も強気で、まず名簿受け渡し時に引き換えで１００万〜２００万円。加えて成功して上がった額の10％持ってくんです」

これは名簿屋の自信の表れか。確かに僕が取材した限りでは、詐欺関係者と名簿屋界隈の人間では、そもそもその年齢層が違う。詐欺は20代から上はどれだけ年嵩《としかさ》でも40代だが、名簿屋は基本的に30代後半から中には60代の者もいて、いわば「生粋《きっすい》の裏稼業人」として悪徳稼業周辺で生きてきた人々。先輩風を吹かすこともあれば、時には詐欺屋の足下を見るようなこともする、かなり厄介な人々だった。

「なんだったらさらって殺してやろうかと思うことも何度かありましたよ。だったら箱の側でプレイヤーOBの人間とか集めて下見部隊（DM系業者の名簿を元に騙り調査で情報強化する部隊）作ったほうが早いし、プレイヤー経験者はネタ屋じゃ分からないことも分かる。相手のバグり具合（高齢により判断力が衰えている程度）とか、脅しに屈するタイプなのかとか、バグってなくても妙に詐欺に弱い奴とか、現場経験者ならではの判断ができますからね」

これが、「名簿の内製化」。つまり昨今では、従来の裏の名簿屋の業務を詐欺グループが行う流れだと言うのだ。そしてこの流れの背景にはふたつの大きな理由がある。

まず第一に、詐欺名簿のベース名簿を一般のDM系名簿業者から仕入れることや、それを下見部門で擦ることは、かなりのコストがかかるということ。そして従来の裏の名簿屋には名簿の精度にそれほどこだわらない者もいるし、その種銭《たねせん》を用意できない業者もいること。これならば、資本金が豊富な詐欺組織の本体で名簿作成したほうがよいということになる。

さらに第二の理由は、詐欺の集金手段の変化だ。

かつては「振り込め詐欺」の名称の指し示す通り、詐欺の収益金の回収には銀行口座を介すことが多かったが、昨今は様々な規制強化によって「手渡し型」に移行した。「ウケ子」と呼ばれる集金役が被害者の自宅を訪問したり、被害者を呼び出して直接集金するなどの手段をとるようになったのだが、当然のことながらこれは銀行のATMに金を引き出しに行く「ダシ子型」に比べて現行犯逮捕のリスクが非常に高い。

前出の現役番頭は、こう言う。

「ウケ子は元々使い捨てではあるんですが、逮捕の原因は大体が安い名簿使っちゃったことなんです。そりゃ12回も詐欺電話受けてたら警察にも通報しますよね。それで安い名簿使ってたところにウケ子打ち込んで（派遣して）たリクルーターが『もう実弾（人材）ない』とか言い出すし、名簿のせいでこんなことになったら店の上（上部団体）がネタ屋のことつめなきゃいけないしで。トラブルはできるだけ少なくしたい詐欺屋としちゃ、名簿の信頼度は死活問題。店舗としても上（上層部）が繫がってる名簿屋のレベルで自分らのアガリが左右されるわけで、やってられない。だったら自前で名簿作ろうぜって。もう従来のネタ屋には頼らないって流れなんです」

こうして現在、詐欺の現場で使われる名簿は、詐欺グループ本体が合法のDM系名簿業者が保有する高属性高齢者名簿を入手し、別働隊の下見部隊が情報強化する傾向に変わりつつあるという。すべてはより効率的に高額を奪うためだが、この流れは恐ろしい未来を予感させるものだ。

なぜなら、こうした詐欺組織本体がDM系の名簿業者から仕入れている名簿は、現段階で50代から60代で資産を持っている人間の名簿も含むというのだ。

「この世代はいまはまだ脳みそしっかりしてても、5年後10年後になれば、ヨレてバグってきますよね。名簿っていうのは一度流出したらとことん使うものです。ちょっと前に、昭和の時代に流行った原野商法で山林買った奴に『買い手がついたから測量と整地代払えば売れる』って仕込む詐欺ありましたよね？　あれってその時代からの名簿がいまも生きてるってことじゃないですか。いま集めた名簿だって10年後20年後まで生きてるってことですから」

これは、名簿の「ストック強化」。つまり、この特殊詐欺犯罪は、今後10年以上経ってもまだ続けられると現場は考えているのだ。将来の詐欺ターゲット候補として注目されるのはやはり「資産がある消費・投資行動などをしている人間」だが、そんな名簿はDM系名簿業者によって驚くほど大量に出回っている。そして現状、こうした表の名簿業者は合法であって、様々な種類の事業者の販促営業のために、いまも重要なツールとされているのだ。

これを短期間で法規制に持ち込むのは相当難しいことが予測される。いまはまだ現役世代の人々にとっても、リタイア後・老後の詐欺被害は決して他人事ではない。

第2章

なぜ老人喰いは減らないか

——㈱詐欺本舗の正体

†なぜ老人喰いは減らないか

第1章では、詐欺組織がどれほどに高度なテクニックで高齢者を狙っているかを書いた。「騙されるほうが愚《おろ》か」という考えは、さすがに二度と言えないのではないだろうか。実際にはここまで精度の高い詐欺組織はごく一部にすぎず、多くはこうした組織の模倣型にすぎないし、模倣型の組織は意外にあっけなく逮捕されてしまうが、かといって決して安心はできない。

「このままでは詐欺に限らず、高齢者を狙う組織犯罪＝『老人喰い』の横行は決して収束しない」

これは、様々な犯罪の若き加害者取材を重ねてきた筆者が、ただひとつ断言できることだ。

ここであらゆる詐欺の手口を紹介し、「詐欺防犯マニュアル」を作ることもできるかもしれないが、それもまた全く無意味で下らないことだと考えている。むしろ基本的な詐欺の手口や防犯向けの知識は、警察や消費者生活センターなどの発表する情報だけでも十分に網羅《もうら》されていて、それを読むだけでもかなりの防犯効果は期待できる。

だが、防犯はできてもこの老人喰いの暴風は、決して吹き止まない。なぜだろうか？その理由は、03年にはじまったとされるオレオレ詐欺の激増からほんの短期間で、老人喰いが見事なまでの「組織化」を遂げたからだ。

さらに一歩踏み込んで、その組織の全体像や、組織の各階層とその力関係などを見ていこう。

㈱詐欺本舗の企業概要

高度に発達した現代の詐欺店舗は、まるで会社のように運営されている。なにもそれは、事務所を構え、現場要員がスーツを着てサラリーマンのように出勤して、といった見た目だけの話ではない。進化した組織の構造は、実際に「株式会社」に非常に似通っている。まずはその「㈱詐欺本舗」の企業概要からみてみよう。

この㈱詐欺本舗の主要業務は、「高い資産額をもつ高齢者から、できるだけ効率的に、できるだけ多くの現金を騙し取る」ことだ。その経営理念は、最大限社員や上層部が逮捕されずに大きな収益を上げるということになる。そしてその組織構図は、この単純な理念のために徹底的に合理化を遂げた。

組織概要はこうだ。まず株式会社と言うならば資本金を提供する株主がいるはずだが、㈱詐欺本舗にも、詐欺店舗を開業するための資金を供出する株主「たち」がいる。それが「金主《きんしゅ》」「オーナー」と呼ばれる人々。ここで「たち」「人々」としたのは、㈱詐欺本舗には、複数の金主がいるからで、実際には筆頭株主的に最も大きな資本金を提供する金主に、別の金主が乗っかる形で複数の資本が㈱詐欺本舗に投入されている。

㈱詐欺本舗では、こうした金主から開業資金や設備投資のための資金を受けて詐欺店舗を開業し、その収益の一部を「出資に応じた配当」という形で金主たちに還元していく。その全ての統括を行う、取締役社長のポジションが、詐欺業界では「番頭《ばんとう》」と呼ばれる存在だ。番頭は金主たちの金をまとめ、詐欺に必要な設備（＝事務所、ターゲットに架電するための通信回線、ターゲット名簿、詐欺のシナリオ）を準備した上で、現場店舗を展開する。ひとりの番頭が管理する店舗は3〜4店舗が限界だが、同じ金主グループの投資でもっと多くの店舗を出す場合は、複数の番頭がたつことになる。これは一般企業における「支社制度」で、それぞれの番頭は「支社長」という位置づけと考えればいい。

ただし社長といっても、それはかなりのワンマン社長だ。番頭の業務は店舗の企画立ち上げに加えて、人事業務、連絡業務のハブ、現場の防犯管理（警察対策）、経理業務、福利厚生まで、非常に多岐に渡る。こんな番頭格の下に、第1章で描いたような現場店舗があり、登場した毒川《どくがわ》のような店長格と運営方針（そのとき最も効果的な詐欺シナリオの選択などなど）を協議しつつ、全体が回ってゆく。

株主としての金主、ワンマン社長としての番頭、これが組織の上層部。では実際に、詐欺の店舗が新規開業するにあたっての経緯をみていこう。

†詐欺の店舗が開業するまで

詐欺の現場で「一発系」などと呼ばれるオレオレ詐欺の手口の店舗を数店舗運営する番頭格の加藤《かとう》君は、弱冠28歳だった。乱れなくオールバックにまとめられた髪に、浅黒い肌。意志の強そうな眉《まゆ》と、常に何かを考えていそうな眼光。その面立ちが年齢を感じさせぬほどに落ち着いているのは、彼のすごしてきた時間の密度がそうさせるのか。

某日夜、加藤君は彼の統括する詐欺店舗の筆頭金主が主催する食事会に呼び出された。場所は都内のヤクザから政治家までが会合時の御用達としている、有名個室焼肉店だった。食事「会」というからには、他にも地位や勢いのある不良が集まる場なのは分かっている。だが、一体なんの用だというのか。

基本的に筆頭金主の男と加藤君は、できる限り接触の機会を減らす努力を重ねてきている。詐欺店舗の立ち上げ時には資本金や詐欺に使う様々なツールの入手ルートなどで話し合いはあるものの、小さな業務報告などはしない。他所の金主には投資額の元本《がんぽん》割れを恐れて細かく連絡を取ってくるような者もいるようだが、加藤君はそんな金主を小馬鹿にしていた。現場店舗と接点のある番頭に密接してくるような金主は、不良稼業としては「脇が甘すぎる」からだ。

加藤君が緊張感を抱えて個室に入り、腰曲げ式のお辞儀をして、迷わず下座の席に座ると、居並ぶ厳《いか》つい面々は破顔《はがん》で高い肉を勧めてきた。

「おー加藤じゃねえか！　いきなり呼び出して悪かったな。お前、最近かなり（収益が）アガってんじゃねーか。んな固まってねぇで、肉食えよ肉！」

「あざす！　いただきます！」

無駄な言葉は御法度だ。加藤君が直接知っているのは筆頭金主の男のみだし、他の男たちがヤクザの幹部なのか誰なのか、自分の回す店舗に金を投げている人なのかすら知らない。詮索するのも礼に欠ける。

「若ぇのに随分勢いあるらしいじゃねーかよ」

などと駆けつけ一杯の酒を勧めてくれる強面《こわもて》もいれば、加藤君など空気以下の存在とばかりに無視を決め込む面々も。だが、かつてはそれが当たり前のことだった。

そもそも、ヤクザを筆頭とするアウトロー社会の中では、詐欺をシノギとすることを「恥」としてきた歴史がある。加藤君が20歳で詐欺組織の末端として働くようになった8年前では、こんな席に詐欺屋を呼ぶだけで、座を仕切るヤクザが「こんな薄汚ぇ人間、入れてんじゃねえよ」と言われかねない雰囲気だったのだ。

それがほんの数年で、この扱いの差である。徹底した警察当局の締め付けであらゆる資金源を絶たれつつある極道の世界だけに、そこには意識改革が起こらざるを得なかったということであったし、時代に合わせて常にその様態を変化させてきたヤクザの柔軟性でもあった。

「ヤクザにとって大事な若者ってのはよ。親(上層部)のために身体《からだ》張れる人間と、金もってこれる人間だからよ。加藤みたいな金もってこれる若いのも可愛がっておかねえとな！」

というわけだ。

それにしても、こんなメンツの前にいきなり呼び出しとは、どういうことだろう。不良の勧める酒は断れないことが大前提。次々に注《そそ》がれる酒を腹パンパンに飲み干しながらも、加藤君は少しも酔うことができなかった。

数刻後、ようやく筆頭金主の男が加藤君に小声で告げた。

「悪いな。古い人たちだからよ。テメェの金投げる先の男が、多少の酒で正気失うようなガキだったら、ぶっ潰してやるっつうんだわ」

ということは、ここに集まっている不良たちは、加藤君が番頭として管理する店舗に出資を検討してくれているということか。見れば集まった面々は40〜50代で、左手の指の数が半分足りない者もいるし、たとえ組員として登録していなかったとしてもどう見てもカタギではない。

「全然酔えないっすよこの空気じゃ」

加藤君が同じく小声で返すと、筆頭金主の男は単刀直入に切り込んできた。

「だよな。そんじゃ本題だけどよ。お前いま、道具どうやって引いてんだ?」

「道具っすか?」

意外な質問に戸惑《とまど》った。

道具とは、詐欺で必需品とされる「架電用の電話」のこと。かつて「振り込め詐欺」の名の通り、詐欺の集金が銀行口座を介したものだった時は、「クチ・板《いた》」(銀行口座の隠語)も含めて道具だったが、昨今この手口が減って手渡し型の集金が増えたことで、道具といえばまず電話回線を指すようになっている。

「道具は、道具屋(別名カバン屋／違法ツールの売買を専門とする業者)絡みですけどね。トバシのSIMで1発5万ぐらいで仕入れてます。去年もってかれた(摘発された)社債(詐欺)の絡みで、太い道具屋が2件飛んだんで、仕入れはちょっと苦労してるところです」

トバシのSIMとは、第三者が契約した携帯電話回線のSIMカードのことだ。詐欺組織とは全く関連のない赤の他人名義の回線であれば、その回線が詐欺に使われてから契約者を調べたところで、詐欺組織本体にはたどり着かない。道具屋とは、この回線の名義人となってくれる「名義人役者」を集め、各携帯電話会社が個人の契約者に対して許す限りの回線数を契約させてSIMカードを詐欺組織などに売却するからだ。契約者から回線を買い取る時も詐欺組織に売却する時も、間にクッション(全く無関係の第三者)を絡ませることで、事実上詐欺に使われた回線契約者から詐欺組織本体にまで摘発が及ばないようにする役割も担っている。

ただしこの回線は、契約後の初回料金を払わないことが多いために、すぐに携帯電話会社によって通話不能にされてしまう。詐欺組織はそのタイムラグの間に被害者に架電するわけだが、1回線で5万円もするものを使い捨てにするわけだし、平均的な規模のオレオレ詐欺の店舗で開業から閉店までの間に数十回線という規模のトバシ回線を消費する。これがまず、詐欺組織の株主的存在の金主らが負担する、第一の「設備投資」となる。

「そっか」

加藤君の言葉に、素っ気ない返事をしながらも、筆頭金主は少しにやけていた。どうやら裏がありそうだ。

「んじゃ聞くけどな。お前、半年以内にレオの店舗（オレオレ詐欺の店舗）6つぐらい増やせねえか？」

「6つ⁉　いま回してる店舗に加えてですか⁉」

「ほー。無理だっつうのかよ？」

「いや、無理とは言わないですけど……」

これはかなりの無茶振りである。オレオレ詐欺6店舗と言えば、現場で架電を担当するプレイヤーを最低でも36人、理想としては54人も集める必要がある。

つまり1店舗9名体制。これは加藤君の方針だった。3人1組で三役系オレオレ詐欺をやる場合、1店舗に1チームではいくらプレイヤーを統括する店長格が優秀でも現場の空気がダレてしまいがちだが、これを2チームにすることで店内の雰囲気が締まって競争意識も生まれる。これを3チームにすれば、経験豊かなプレイヤーのみでベテランチームを作り、残りの2チームを指導しつつ成績を競わせていったり、ベテランプレイヤーが新人チームにくっついて指導することもできるのだ。

いずれにせよ、1店舗に何チーム置こうが、そこに発生する箱（事務所）のテナント料や光熱費などは変わらないわけで、1店舗のチーム数を増やすことで収益率が上がるのは言うまでもない。

それにしても、これだけの規模のプレイヤーを集めるのも大変な話だし、かつそんな店舗数の番頭業務を加藤君ひとりがやるのはまず不可能。これは随分と、頭の痛くなる話だった。

「何でいきなりそういう話なんですか？」

加藤君が探ると、筆頭金主の声は一層小さくなった。

「道具の新規ルートができたんだよ」

「新規ルートって、大丈夫なんすか？　トバシのトバシとか……」

「ふざけてんのかオメーはよ」

筆頭金主は少し機嫌を損ねたようだが、加藤君が心配するのも、無理はない。「トバシのトバシ」とは、名義人役者が契約してから時間が経っていて、残る通話可能期間が極端に短かったり、すでにその名義人に契約を促した関係者に逮捕者が出ている回線のこと。詐欺業者を騙す「詐欺道具屋」の売り物だが、こうした粗悪回線を金主から押しつけられて営業成績が出せなくても、ダメージを被《こうむ》るのは加藤君のような番頭や稼げない現場のプレイヤーたちなのだ。

「大丈夫だって。ネタ明かすと、道具専門のダミー闇金やろうって奴らがいてよ。そんでまあ、抱えてる審査落ち（闇金の融資審査に通らなかった人間）の名簿だけで１００本２００本は軽く行けるだろって話なんだわ」

「ダミー闇金？」

「だからさ。元々返済能力のない多重債務者に小口で5万ぐらい融資して、回線契約させた報酬で返済しろって絵図だよ。携帯ブラック（携帯電話の滞納放置などがあって追加の回線契約ができない人間のこと）じゃない人間10人集めたら、50万の投資で１００回線以上引けんだろ。これグルグル回してたら、しばらく道具に困ることねえぞ」

なるほど、確かにこれは新たなるトバシ携帯の供給源だ。

加藤君自身、知人の闇金業者から、最近は大学卒業後に就職できずに闇金に駆け込むような若者が増えていることを聞いていた。いくら闇金でも、就職難民の学生で、しかも男子学生などときたら、無担保どころかマイナスの担保を抱えたような存在で、とても融資はできない。とはいえ、せっかく闇金にアクセスして来てくれた審査落ちの若者を放置するのももったいない。「なんか金にしてやる手段ねえかな」などという相談も受けたばかりだったが、その手があったか。

金主の示す具体的な話に、加藤君の裏稼業人魂は刺激されたようだった。

「その話、もう動いてんですか？」

「いや。トバシは生モノだからな。店舗が動くって確定してからだな」

これは無言の重圧だ。契約から短期間で通話不能となってしまうトバシ回線だけに、回線の確保ができた段階で詐欺店舗の準備が整っていないとなれば、それは回線を買い取った側の丸損となる。この話の場合なら、筆頭金主の損益だ。逆に加藤君が店舗プレイヤーを集めたところで回線が足りなければ、加藤君の被るダメージも甚大《じんだい》になってしまう。

だが金主の男は、まだにやけていた。もうひとつ、裏がありそうだ。

「聞けよ。道具だけじゃねえぞ。名簿も1番が3000件。全部擦《こす》ってあるから高いけど、保証は俺が出す。使用料15％よこせって言われたけど、10％でって話でまとめてあるからよ」

「マジっすか……」

これまた1桁違う話だった。「1番名簿」とは、まだ詐欺に使われたことが一度もない名簿のことだ。これを擦って（下見調査して）、3000件分というのは盛られた話かもしれないと加藤君は思ったが、実際に名簿を作成販売する業者にとって下見済みの1番名簿は秘蔵の品なわけで、詐欺業者に提供する場合でも強気に出てくる。

なお、保証とは詐欺に名簿を使用しようとしまいと業者に支払う金のことで、カス名簿なら保証を取らないこともあるが、精度の高い名簿では100万円単位になることもある。一方の使用料とは、実際にその名簿を使って詐欺に成功した場合、その収益金から名簿屋に都度支払う歩合金《ぶあいきん》のことだ。

はたして、この話に乗っていいものか。加藤君は即座に脳をフル回転させたが、やはり懸案はそれだけの数の人を集めてもよいのかだった。加藤君の店舗では、現場プレイヤーに保障給（最低日給）を払うシステムを採用している。やはり人数だけ集めて道具が足りない、名簿がクソでは、加藤君自身の死活問題だ。

「大丈夫ですかね……。３０００件で打率１割なら、１発１本（１００万円）取れたとして、３億って計算ですよ？　万一、打率１分じゃ絶対俺が被《かぶ》り（損益を被る）じゃないですか。正直に言って新人50人規模で育てるってのもかなり難しいんですよ。２カ月研修の間に食い扶持《ぶち》料20万出してやるとして、１０００万。最近は箱が回ったら交通費毎日２万円出してやってるんで、２カ月箱なら２００万か……。足りなかったら、どっかから飛ばして（人材派遣して）もらうことになりますし」

「お前ねえ。セコいこと言ってんじゃねえよ。名簿屋は2割打率って言ってんだ、お前が言うままだったらアガリ6億だろ？　よっぽど自信ある商材なんだろ。３番手（副番頭）立ててもいいから、やってみろよ。今回は俺らで箱の名義も出してやる。これでやんねえなら、他所《よそ》に振るぞ」

大きな話を前に煮え切らない加藤君を見て、短気な金主は痺《しび》れを切らしているようだった。

ちなみに「箱の名義」とは詐欺の事務所として使うテナントの名義人のこと。やはり摘発対策として、金主や番頭とも現場のプレイヤーとも一切関与のない第三者の名義を用意する必要があるのだが、これも店舗運営経費としてはかなり大きな部分である。

名義貸し料は月額20万円ほどか、もしくは1発報酬20〜30万円ほど。だが、そもそも詐欺の店舗は摘発抑止のために短期間で場所替えすることが多く、2カ月稼働の店舗で3回場所替えするなら、6店舗で合計18の名義が必要。さらに脇固めのしっかりした組織では、事務所として借りたテナントの隣の部屋も「別の名義」で借りておき、現金、詐欺に使う携帯電話や名簿などは基本的に隣の部屋に保管し、必要に応じてベランダを通して物をやり取りしたり、即座に処分する書類やメモなどは隣の部屋に置かれたシュレッダーで始末するということまでやる。

となると、名義人の取り分が1発報酬で20万円なら、単純計算で総額360万円。隣の部屋まで借りれば720万円。これを金主が持つと言っているのだ。

この話を聞いて加藤君も、筆頭金主が新たなる道具ルートや3000件の名簿にかなりの確信を持っていると判断したようだった。

「分かりました。さすがに俺ごときには山っけのある話なんで、明日一杯考えさせてくれませんか?」

「いやいや、明日の午後イチには返事くれよ。やるっつったらこっちも色々身体《からだ》空けて手配しなきゃなんねーんだからさ」

これが、株主・投資家である金主と、社長である番頭の力学だった。

金主はその広い人脈を使い、名簿や道具、事務所の名義、場合によっては詐欺店舗の現場プレイヤーを派遣するリクルーターも集め、適宜《てきぎ》投資をする。が、一切詐欺店舗の経営には関与せず、ツールや金を「紹介」して、あとは高見の見物で配当を受けるだけだ。

一方の番頭からすれば、これは大博打である。失敗しても金主たちは元本分を確実に切り取ってくる。本音を言えば自腹の人脈ですべての資材を用意したいところだが、実際のところ金主の人脈には敵わないし、太い人脈は金主側に押さえられてしまっている。昨今では番頭が自分の資本金を店舗開業に当て、自ら経営する店舗の金主に加わるケースも増えてきたが、かといって全くスジの違う金主とつき合うことはできないし、やれと言われたプロジェクトをはなから断るのは難しい立場関係があるのだ。

考えさせてくれ＝受ける。受けると言ったら後には引けない。

会合が終わると、加藤君はその足で近くに予約してあったビジネスホテルに向かった。

金主の提案した条件で、はたしてどれほどの経費がかかるのか、紙に書き出して整理をする。そして酒でパンパンの腹を抱えながら、関係者への電話をかけるのだった。

休んでいる暇はない。明日から、猛烈に忙しい日々がはじまる。

†名簿は食材、プレイヤーは料理人

どうだろうか。「詐欺店舗は株式会社に非常に似通っている」と書いたが、最も近い会社組織は、チェーン経営の飲食店だ。店長を含めて9名ほどの店と、その数店舗を管理統括する社長、そして株主（投資家）。店舗の人数規模やひとりの番頭が担当できる店舗数を考えると、「地域密着型の居酒屋チェーン」という程度の規模感覚が、非常に分かりやすい。名簿は食材、架電回線は使い捨ての調理器具、現場で架電を担当するプレイヤーたちは料理人とホールスタッフに置き換えることもできる。

そんな株式会社的な詐欺組織で、急な事業拡張を命じられた社長である加藤君。彼が真っ先に連絡をしたのは、当然のことながら、現在店舗を回している店長格だ。加藤君自身、現場のプレイヤーから店長に登用され、番頭にまで昇りつめた経験者。しかも今回の話では、加藤君の他に店舗の管理ができる副番頭を配置しなければ、とてもプロジェクトは回りそうにない。迷わず、最も信頼できる店長に電話を入れたのだった。

「夜遅くに電話して悪いな。ちょっといい？」

「誰かもってかれ（逮捕され）ましたか？」

夜中の電話に緊張した声で電話口に出た相手は、加藤君の腹心とも言える店長格の毒川君だ。これまでに1本箱（最長でも2〜3ヵ月ほどでたたむオレオレ詐欺店舗で、その稼働期間に1億円の被害額を出す）を5回も回した経験がある実力派だった。実は毒川君は32歳で加藤君よりも4つも年上だが、年功序列と敬語が逆関係なところは、番頭と店長格の立場がにじみ出た結果だろう。

毒川君は、10代は闇金プレイヤー、20代は不動産投資斡旋業者の営業兼セミナー講師をしていたという異色の経歴の持ち主だ。稼いだ金で風俗店を開業したところ、金を投げて経営させていた人間が売り上げと所属していた風俗嬢を抱えて逃亡。知人のヤクザに「そいつを引っ捕まえてくれ！」と頼んだところ、元不動産系営業職やセミナー講師としてのアゴの強さ（詐欺トークの巧《たく》みさ）を買われて「ツナギの仕事で詐欺のプレイヤーやればいいだろ」と紹介された。

そんな遣り手だけに、事情を話したあとの毒川君の反応は、想像通り渋かった。

「6店舗新規って、無理ありませんか？　そんなに高い名簿使うんだったら、そこらのプレイヤーにやらすのはもったいないですよ。バチバチにアゴ鍛えた人間じゃないと」

「だよな。いま段階で、毒川君が稼業携帯持たしてるプレイヤーって何人いる？」

「いいとこ20人ですかねぇ。いま回してる店舗の人間入れて、30いかないです」

稼業携帯とは、詐欺の架電に使うトバシ携帯とは別に、詐欺のプレイヤーと店長格、番頭と金主や店長格、集金部隊などの連絡に使われる携帯電話のことで、やはり全く接点のない第三者が契約したプリペイド携帯ということが多い。これはいわば「会社携帯」「内線電話」に近いもので、トバシ携帯と違うのはきちんと料金を支払い続けて継続使用していることだ。

「30人か……。さすがだな。毒川君と仕事しててよかったよ。まあ、そん中から実際使えんのが20人だとして、あと30人は集めないとな……。他の店長にも話は飛ばしてみるけど、どうだろうな？」

「いま加藤君が振れる店長って何人でしたっけ」

「毒川君入れて4人かな」

「そんじゃ6箱回すなら、あと2人は店長立てないとですね」

思わず黙らざるを得ない加藤君だった。詐欺の売り上げは、店長で変わると言っても過言ではない。稼業携帯を継続して渡しているプレイヤー経験者を20名以上抱えている毒川店長は、加藤君からすると最強の部下。こうした店長を幾人も抱えていて、どんな大きな話にも対応できることが、すなわち番頭としての大きさであり評価なのだ。

「……最悪、俺が番頭やりつつ店長やってもいいけどな」

半ば自棄《やけ》気味に加藤君が言うと

「わはは。冗談ですよね？」

と返す毒川君の声は、若干冷たかった。

「冗談だけどな」

当然である。番頭が店長として現場店舗に関わることは、実は大きな詐欺組織では絶対御法度なのだ。

ここに厳然としてあるのは、「分断の理論」である。詐欺店舗の現場の平プレイヤーは、番頭の存在を知っていても、さほど深く接することはない。場合によっては名前も知らないこともあるし、最も分断の理論が成立している店舗では「店長が頂点」であって社長の番頭の存在を知らないことすらある。となればどうだろうか？ 万が一に平プレイヤーが店舗に反旗を翻《ひるがえ》して警察に売るなどした時に、番頭まで捜査の手が及ばないということになる。その上の金主たちともなれば、平プレイヤーは会ったこともないし存在すら知らない雲の上の存在だから、少なくとも「人の繋がり」を追って金主まで摘発の手が及ぶことは、ほぼ確実にあり得ない。

その大前提として、番頭が店長を兼任するなどということは、あってはならないことなわけだ。

だが自棄にならざるを得ない加藤君に対し、毒川はヤル気のようだった。

「冗談は抜きにして、どうですか？　俺が抱えてるプレイヤーで、2人だったら店長に上げても良さそうな奴がいるんですけど」

「マジ？　それどんな奴？」

「23歳のガキです」

「……」

「黙んないでくださいよ。俺はそいつらなら太鼓判《たいこばん》押せます。初めから信用できないなら、俺が3番手（副番頭）になってそのふたりの店舗の面倒見ますよ」

加藤君はまた、頭の中をフル回転させた。

優秀な毒川君が3番手になってくれるというのは、願ってもない話。というのも、これまで必死に頑張って下積みを積み重ねて、ようやく番頭格になった加藤君だが、その仕事には少々辟易《へきえき》してきたところだった。いつまでこの立場で戦い続けないといけないのか。そんな思いをずっと抱え続けてきた。

確かに一度番頭に昇格すれば、捕まらない限りサラリーマンの生涯賃金を数年で稼ぐことも可能だが、金主連中にその生命線を摑まれたも同じだ。抜けると言って抜けられるのは店長まで。だが、現在2番手（番頭）である加藤君からすれば、自らの後継者としての毒川君を鍛え上げれば、お役御免で金主らからの束縛から逃れ、ようやく一般人に戻るチャンスでもあるのだ。

「毒川君がそこまで言うような23歳ってどんなだよ……。でも毒川君、ぶっちゃけ店長やりながら3番手は、2番手より難しいかもしんないよ。出納《すいとう》（会計）は手伝うけど……。あと毒川君が3番手やったことで上に目ぇつけられて、今度から2番手やれって話になったらさ。毒川君、この稼業の抜けどころ見えなくなるよ」

「加藤君、やるよ俺は。ここまで来て、勝負しなかったらむしろ男じゃねえだろ」

決意のこもった声で返す毒川君に、加藤君も腹を据えることにした。その言葉は、加藤君が番頭に抜擢された際にも、自身で固めた覚悟だったからだ。

†金主は絶対に逮捕されない

詐欺組織は株式会社に似通っていて、地域密着型の居酒屋チェーンと同程度の規模感。これでこの商売が詐欺でなければ、彼らの姿は「熱血仕事人物語」とも言えるものではないだろうか。経営陣からの理不尽な業務拡大要請に、社長の加藤君はどう立ち回るのか⁉ このプロジェクトを成功させ、同時に毒川君という後継者を育成して、無事に次のステップに踏み出すことはできるのか⁉

だがここで一回本書の趣旨に戻りたい。なぜ「老人喰いはなくならない」のだろうか？ その大きな一因が、まずこの物語にはある。端的に言ってしまえば、非常に簡単な一言だ。「最上層である金主がほぼ絶対に逮捕されないシステムで組織化を遂げたから」、老人喰い稼業はなくならない。

改めてこの会社の組織図をおさらいしてみよう。

まず、㈱詐欺本舗は複数の株主（金主）、社長（番頭）、店長以下店舗プレイヤーが運営する現場店舗が基本構成になっている。これに加えて外部の協力業者として、名簿屋、道具屋、そして昨今では独立店舗として㈱詐欺本舗とは無縁の「集金店舗」が、その業務を外部から支える。集金店舗とは詐欺被害者に接触して金を直接受け取ってくるウケ子を管理統括する独立したグループだ。

ここに、前述した「分断の理論」が徹底的に通底している。

第一に、店舗プレイヤーの逮捕から、頂点の金主の逮捕に至ることはあり得ない。なぜなら彼ら平プレイヤーは、金主の存在そのものを知らないからだ。

第二に、加藤君が警察の手に落ちたとして、金主を警察に売ることも、ほぼ100％ない。ここは一般の株式会社などと大きく変わっている部分だ。

例えば一般企業で経営陣ぐるみの汚職が発覚したとき、その管理責任者は経営陣を身体を張って守るだろうか？　決してそうではないだろう。だが詐欺組織では、確実に番頭が金主らを守る。そこに働いているのは経済原理ではなく、「不良の原理」だ。

ここで番頭が金主たちを警察に売ってしまうということは、その後の番頭の人生に終止符を打つに等しい。そのスジの世界で生きていけなくなるのは当然のこととして、生涯続くかもしれない報復に怯《おび》え続けることでもある。そこには確実に暴力装置としての不良の力学がある。その一方、ここで番頭が「自分こそが組織のトップ」だと供述し続け、自らを盾にして金主たちの逮捕の連鎖を防げば、それは実績であり信頼にほかならないのだ。

詐欺組織における番頭の取り分は、詐欺収益から必要経費をのぞいた純利の半金というケースが多かったが、金主は複数であることを考えると、実は一店舗の売り上げにおける取り分で一番大きいのは番頭。つまり逮捕されロングの懲役刑を受けても、ある程度の資産を隠しとおせておくことができれば、出所後の資産と不良社会的な信用を担保できる。「自己犠牲＝属する集団のために身体を張る」ということに一般社会よりも遥かに大きな評価がある不良社会ならではの力学が、そこには働いているのだ。

結論として、金主層は逮捕されない。

†万が一で店舗に摘発が及んだら……

ではもうひとつ。本書ではたびたび「万が一店舗に摘発が及んだら」といった表現を使っている。この「万が一」は、詐欺の現場店舗にとっては、かなりリアリティがある感覚だ。

そう、彼らは「詐欺店舗に警察が踏み込むことはありえない」という前提で動いている。むしろその前提があるからこそ、他所の詐欺組織が店舗ごと摘発されるという事件が発生すると、詐欺業界は騒然となる。どうやって？　店舗摘発なんか「絶対に無理なのに」、警察はどうやって店舗にたどり着いたんだ！　という感覚で、情報収集に駆けずり回ることになる。これが詐欺店舗の一般的認識なのだ。

ではなぜ彼らは、それほどまでに店舗の保安が絶対だと信じ込むことができるのだろうか？　その根拠が、前述した「分断の理論」の中でも最も徹底されているポイントにある。「金の流れの分断」だ。

㈱詐欺本舗には外部協力業者として集金店舗がある。かつては㈱詐欺本舗の内部に集金部門を抱えている時代もあったが、現在は「集金は外部の集金専門部隊に委託する」という方針が浸透した。

これは当然のことで、今も昔も詐欺業務に関わる人間で最も警察から逮捕されやすいのは、この集金役だからだ。その手段こそ、過去の銀行振込を介した「ダシ子」による集金から、被害者に直接会って金を受け取る「ウケ子」や、宅配便・郵便局の小包サービスを利用する配送型が主流となったが、いずれにせよ被害者が詐欺と気づいて警察に連絡をした場合、警察が張り込んでいれば集金役はあっさり逮捕されてしまう。彼らはいわば、戦場の前線兵士であり、「矢面《やおもて》要員」だ。

だが、彼らを逮捕したところで、詐欺組織本体は痛くも痒《かゆ》くもない。本来手に入るはずの収益金が飛ぶのは残念かもしれないが、集金部隊を逮捕したところで、滅多なことでは組織本体に捜査の手は及ばない。なぜならそこには、実に5重のガードが張られているからだ。

第一のガードは、「黙秘」だ。集金人は基本的に警察に逮捕されても「知らない人に頼まれた」「外国人に頼まれた」などと言い張るか黙秘を続けるように教育されているし、それによって逮捕実刑となったとしても「放免後の生活を支援する」と上から確約されている。

昨今ではウケ子スタッフは低年齢化が進んで未成年ということもあるが、初犯の場合は実刑なしとされることも多い。成人だった場合でも「詐欺の主導的立場で実行した」わけではないため、量刑の重い詐欺罪で立件することは難しい。「小便刑（軽い量刑）で済むなら、その後の生活や仕事の人脈を優先して、黙っているほうがいい」となるのは、当然のことだろう。

第二のガードは、個人的人脈のカットだ。そもそも集金店舗では、現場のウケ子スタッフが集金店舗のリーダー格とは個人的な知人ではなく顔を合わせたことも数回で、自分から連絡が取れる電話番号すら知らない場合がある。

たとえ番号を知っていたとしても、それは詐欺店舗本体でも使う「稼業携帯」にすぎないから、もし警察の取り調べの厳しさに「店舗のリーダーに頼まれた」と言ってしまっても、それこそリーダーの本名や自宅などの素性を知っていない限り、警察はそのリーダーにたどり着くことすらできないのだ。

第三のガードは、組織間人脈のカットだ。ウケ子スタッフが実はリーダーの地元の後輩だったなどのケースでは、このリーダー格まで逮捕されてしまう場合があるが、ここから先の警察の捜査は大きな壁にブチ当たることになる。

まず詐欺の集金の指示系統は、番頭もしくは店長格から集金店舗リーダー、そしてリーダーから現場実行役のウケ子へと飛ばされるが、この間の連絡はトバシ携帯か稼業携帯の音声通話のみが使われている。これはメールによる指示だと履歴が証拠として残ってしまうからで、指示元の番頭や店長格は集金指示の電話をかける際に事務所から遠く離れるということまでする。携帯の通話履歴の残る基地局情報から詐欺店舗の事務所が想定されないようにしているわけだ。

そして、ここからが捜査攪乱《かくらん》の本番だ。

ウケ子スタッフから集金店舗リーダーが現金を受け取る際には、「個室トイレの中に置く」「ベンチの下に置く」「車の窓から窓へ渡す」などの手段で、1クッション設ける。さらに集金店舗リーダーから金が流れるのは最終的には番頭格になるのだが、当然手渡しではなくどちらの組織とも関係ないメッセンジャー(配達人)や、コインロッカー、私設私書箱などを介している。そしてこのメッセンジャーには、現金を持っての移動時にはタクシーや電車を乗り継いだり、あえて混んだ店舗や駅コンコースなどの人ごみに入るような指示まで入っているのだ。

どうだろうか？ もし警察が金の流れを追おうする。警察に詐欺の通報が入り、張り込んでウケ子が被害者から金を受け取るところを確認し、そのまま泳がせて「人ではなく金を追う」ということをしたとしても、この金の動きには到底ついていけない。それこそ現金に追跡可能な超マイクロGPS発信器でも仕込まない限り、集金店舗から詐欺店舗に到達することができないのだ。

この第三のガードをどこまで強化するかしないかは番頭の采配次第だが、現段階(14年秋)では、「4クッションが当たり前」と言われている。これはすなわち、集金店舗をAとすると、そこから金を受け取るB、BからC、CからD、Dからようやく㈱詐欺本舗に金が流れるという仕組み。この仕組みが一般的なものになったため、㈱詐欺本舗の現場では集金店舗のことをそのもの「A」「A店舗」と呼ぶまでになってしまっている。各クッションをそれぞれガードと数えるならば、㈱詐欺本舗は6重7重のガードで守られているとすら言える。

†断言する、老人喰いはなくならない

再び断言する。「老人喰いはなくならない」。

本当に、とてつもない組織を作り上げてしまったものだと思う。老人喰いは、これだけ多くの人材を食わせるだけの「産業」になってしまっている。警察が捜査の端緒とできるのは、被害者からの集金役や、架電に使われる回線の名義だが、これも人の繋がりと金の流れの両面で、徹底した分断の理論がその捜査を阻んでいることが分かったと思う。

反面でこれは、徹底した末端切り捨ての理論とも言える。多段階で切れるトカゲの尻尾だ。そしてこの尻尾は、何度でも生え変わる。詐欺の業界でいう「殉死者《じゅんし》」（逮捕者）が最も多い集金部門だが、僕が取材をした初期ではここに「そうでもして稼がなければならない人々」が配置されていた。多重債務者、障害を持った人々、懲役太郎（刑務所の常連）

に加え、難病を自費治療している人々やウリ専のゲイまでいた。彼らは明日生きるための金を求めて、血眼《ちまなこ》で老人喰いの矢面で討ち死に覚悟の集金業務にあたっていた。

集金手段が被害者と直接対面するウケ子型に変わった現在では、人材の低年齢化が進んでいる。未成年の初犯で詐欺の主導的立場にないとなれば、重い量刑での立件は難しいし、やんちゃな10代にとって詐欺での逮捕は「箔《はく》付け」気分でもある。一方で警察と相対した時に「屈強な警官を殴り飛ばして逃げられる」というマッチョ系集金店舗まで生まれた。

いずれにせよ、集金部隊にいくらでも替えがいて、そして金主まで逮捕の手が及ぶことがなく、その最上層には老人喰い稼業を何度でも起業できる資本金があるのだ。この構造が出来上がってしまった以上、手口が詐欺だろうとなんだろうと、高齢者をターゲットにした犯罪は手を替え品を替えて存続することになるではないか。

もしこれを警察が撲滅するなら、集金部隊に比べれば量刑の重い詐欺店舗の番頭や店長、プレイヤーたちを逮捕し、加えて「これは割にあわない稼業だ」と思わせなければならないだろう。詐欺の現場の頂点である番頭を逮捕し、司法取引でもしてその後の生活の安全を確約した上で、金主たちの情報を得て壊滅させていかなければならないだろう。

だが現実は、まるでその逆なのだ。詐欺店舗に摘発が入るのは「非常事態」であり、金主格で逮捕された人間の前例などというのは、振り込め詐欺が社会問題となって10年以上経っても片手で数えられるほどしかない。これが彼らの現場感覚だ。

これでは、老人喰いがなくなるはずがない。唯一期待できるとしたら、徹底的に管理されているはずの現場プレイヤーたちが、店舗に捜査が入らないとタカをくくって脇が甘くなったり、抱えた金の大きさに世の中を舐《な》めて私生活でボロを出すことぐらいだろうか？と思ったら、実はそれも大間違いなのだ。

詐欺の現場要員たちを取材していて、その卓抜《たくばつ》したテクニックや摘発対策や組織論よりも僕が驚き続けてきたのは、店舗プレイヤーや番頭格、彼ら自身の優秀さ、人間性、その生い立ち、抱えた思いの苛烈さだった。

彼らは、番頭や店舗リーダーとなっている層は「ロストジェネレーション」と言われる世代だし、下は「ゆとり世代」と卑下《ひげ》されてきた世代で、さらに最も若い層は「悟り世代」。いずれにせよ上の世代からは会社内などで「残念な世代」とされてきた若者たちだ。

だが、取材で接した若き詐欺屋たちは、ちがった。本当に彼らはそんな世代感の中で育ってきたのだろうか？　むしろこの子らは日本で育った子なんだろうか？　そう疑わしくなるほどに、老人喰いを遂行する現場プレイヤーたちは、突出した逸材集団だった。

次章では、老人喰いは「なぜここまで大きくなってしまったのか」を描こう。その答えは先に書いておく。

彼らがとてつもなく優秀で、とてつもなくモチベーションが高くて、その現場には彼らを「そのように育て上げる」システムがあり、加えて彼らには「老人喰いに情熱を注ぐ理由」があったからだ。

「イマドキの若者は使えない」などと嘆いて、リタイア後には詐欺の被害に遭ってしまうような高齢者には、自戒をもって読んでいただきたい。

第3章

いかに老人喰いは育てられるか

——プレイヤーができるまで

†平手打ちの飛ぶ研修

２０１×年某月、東京都心から電車で40分ほどの雑居ビルにあるテナントが契約された。築40年ほどの鉄筋コンクリート造ビルはテナントも空きがちで廃墟のよう。入り口の集合ポストにはガムテープで投函口を塞《ふさ》がれたものもあるし、屋上かベランダの防水処理ができていないのか、1階エントランスには壁から染み出た水が小さな水たまりを作っている。

その一室、朝7時35分。多くのサラリーマンがテレビのニュースを見ながら朝食を取っているだろう時間だが、ガランとしたオフィスにはミニテーブル付きのパイプ椅子がズラリと並べられ、決して広くはないテーブルの間には思い思いの私服に身を包んだ20余名の男たちが緊張した面持ちで立っていた。

ミニテーブルの上にはＡ４のコピー用紙にミッシリと印刷された細かい文字の名簿と、フローチャート式の営業書類が1部、そして携帯電話が1本ずつ。立ち尽くす男たちは、目の前で繰り広げられている異様な光景に目を見張っていた。

「面接ん時に言われたはずだけどな！　研修初日から遅刻っつぅのは、舐《な》めてんだなテメェらは！　舐めてんだろ！」

狭い事務所の窓際に置かれたホワイトボードの前、整列させられた4人の若い男たちの横っ面《つら》に、間髪入れずに容赦ない平手打ちが飛んだ。

バッチーン！　およそビンタの音とは思えない、掌《てのひら》の芯を得た平手打ちの激しい打撃音に、テーブルの間で直立不動の男たちの表情にも緊張が走る。

ビンタを飛ばしたのは、スーツに身を包んだ30代のガタイの良い坊主頭。その隣で腕を組むのは、同じくスーツ姿だが痩《や》せて背の高い髭面で眼鏡の男だ。髭《ひげ》面が振り返り、直立不動の男たちにも檄《げき》を飛ばした。

「いいか!?　おまえらが明日も遅刻したら、俺は骨1本ぐれー持ってくからな！　腕時計持ってる奴は、きっちり時報に合わせとけ。1秒の遅刻でも、3回繰り返したらその日でクビだから、よく覚えとけよ！」

「じゃ、オメーらも席に戻れ」

真っ赤に腫れ上がった頰《ほほ》を押さえながら狭いテーブルの間を縫い歩いて席に戻る4人の若者。若干ふてくされた表情の者もいるが、許しなく着席するような者はひとりもいない。緊張感がその場を支配していた。実は集まった男たちは、フリーペーパーの求人誌に応募し、面接を経てきた者たちだった。

〜営業員募集中・電話営業が中心です・手取り30万円・交通費別途支給〜

ありがちな募集の文面。だがその面接には、少々妙な部分があった。現在の生活状況、経済状況などに加え、家族構成や関係、趣味や休日の過ごし方、借金の有無、そして「賞罰歴」の中でも警察に厄介になったことがないかなどを、根掘り葉掘り聞かれたのだ。

具体的な仕事の内容については、テレフォンアポインターとしか聞かされていないが、初日からこれである。数分の遅刻でいきなりビンタが飛び、翌日も遅刻すればさらなる暴力、そして遅刻3回でクビ。これはいわゆる「ブラック企業」なのではないか？　不安に駆られる男たちを前に、ホワイトボードの前に立つ坊主と髭眼鏡は、まさにその不安のど真ん中を突いてきた。

「お前らいま、内心ブラック企業に来ちまった〜とか思ってんだろ？　だろうな。悪いけど、それ大当たりだ」

「この時点で帰りたい奴は、止めない。けどその前に言っとくぞ？　お前らにはこれから1カ月で集中的に営業研修を受けてもらう。けどうちは、単なるブラック企業じゃねえ。

月収30万円の求人広告は本当だし、研修中もこの給料だ。1週間で、まず仮払いの10万円を払う。残りの20万円は月末。どっちも現金払いだ。あと交通費は当日清算。ちなみに研修あとに配属する現場はフルコミ（完全歩合制）だけど、稼げる奴は年収1000万は軽いからな」

具体的な金の話に、聞き入る男たちは思わず唾《つば》を飲み込んだ。それもそのはず。面接を通ってきた男たちは、そのほとんどが現在失職中で、明日の生活にも不安を抱える者ばかりだったからだ。

坊主頭は自分の腕時計を見ながら、言った。

「それじゃ、今から2分待ってやる。やめたい奴は、今すぐ出てけ。それは止めないし、今日の交通費ぐらいは出してやる。カウント、スタート」

10秒、30秒、1分、そして2分。

誰も一言も話さず、息をするのも躊躇《ためら》われるような沈黙。ひとりも出て行く人間はいなかった。

坊主と髭眼鏡は満足したように顔を見合わせ、大きく息を吸い、さらなる大きな声で事務所の壁を震わせた。坊主頭が、日に焼けた顔をさらに赤らめながら、一同を睥睨《へいげい》する。

「改めて、これから研修を始める！　俺は小柴《こしば》、こっちの髭は牛島《うしじま》だ。まずは発声練習から、牛島に続け！」

それを受けた髭眼鏡の牛島が、これまた胸一杯に息を吸い込んで、それを一気に吐き出した。

「お、おはようございます？」

「おはようございます！」

躊躇いの見られる男らに、小柴の怒声が飛ぶ。

「声が小せぇ！」

「おはようございます！」

「おはようございます！！！」

「もういっちょデカい声で！」

「おはようございます！！！！」

20人以上の男が腹から出した「おはようございます」は、それだけでもその場を異空間に変える。それにかぶせるように、牛島の大声が鳴り響く。

「大変お世話になります！」

「大変お世話になります！！！」

ただ声を出すだけなのに、復唱する男たちの額に汗が滲《にじ》んでくる。

「ありがとうございます！」

「ありがとうございます！！！」

先導する牛島の額にも、汗が滲みだした。

「失礼いたします！」

「失礼いたします！！！」

次は何を復唱するのか？　待ちの姿勢の男たちに対し、小柴がその厳つい顔を緩《ゆる》めて言った。

「はい、じゃあ失礼いたします！　って、帰るんじゃねえぞ！」

これまでのキリキリした緊張感と裏腹の小柴の言葉に、一同は一瞬あっけにとられる。

「ここは笑うとこだろ！」

牛島が合いの手を入れると、事務所の端々から小さな笑いが漏れた。

「それじゃあ、全員着席！　手元にあるスクリプト見てくれ。9時スタートだから、あと1時間ちょっとで隅《すみ》から隅まで目ぇ通せ。分かんないことあったら黙ってねぇで、どんな下らねえことでも聞きにこいよ」

全員がミニテーブルに置かれたプリントを手に取る。そこに書かれていたのは、投資用マンションの営業スクリプトだった。


〜突然のお電話申し訳ございません、こちら○×エステートの○○と申します。お近くにお買い求めやすい新築投資用マンションができることになりまして、ご案内でお電話差し上げました〜


こんな切り込みで始まり、電話の相手の対応によって次に言う文言《もんごん》が分岐してゆく、フローチャート形式の営業ツールだ。だがその途中にあるこの投資物件の価格を見て、ギョッとした顔もちらほら見られた。その額、実に8500万円。こんな高額の投資物件を怪しげな電話営業で買う人間がいるのだろうか?

とここで、先ほど遅刻して横っ面を張り飛ばされた若い男が手を挙げて質問した。

年齢は20代前半だろうか? 無地の黒スウェット上下に、若干色の抜かれた短い髪という、およそ仕事に向かう格好ではないし、細く揃えられた眉毛といい上唇に残る何かの傷跡といい、営業志望というよりは不良系ファッション誌のモデルのような容貌。だが、その目は真剣だ。

「これ、スクリプト通りに話さないといけないんですか？」

「ほお……やる気じゃねえかよ。お前、名前なんつぅの」

「名前っすか？　来栖《くるす》ですけど」

「来栖ね。いいこと聞いてくれた。スクリプトはあくまで資料だ。相手と話が続くなら、自分なりにアレンジしてもいいぞ」

アレンジ？　そういわれてもピンとこない男たちだったが、来栖と名乗った若者には、まだ質問があるようだった。

「あとこのスクリプト、最後までいったらどうするんですか？」

来栖君の質問に、スクリプトの読み込みをしていた一同も、何枚かをめくってその最後の紙に目を通す。ラストはこう締めくくられていた。

〜それでは資料を送付しますので、ご自宅のご住所をお教えいただけますか？　ありがとうございました、最後ですが改めてわたくし営業の◯◯と申します。今後ともよろしく

お願い申し上げます。失礼いたします〜

つまりこの営業、資料送付をするのが最終目標ということか？　髭の牛島があざ笑うように答えた。

「まあ、まずしょっぱなから最後までいかねーから安心しろ。あとこれ、あくまで研修で、『カラ営業』だからな。資料送りますで、実際は送らないから。その投資用マンションっつうのも、実在はしないから」

（なんじゃそりゃ）という空気が流れた一同だったが、やはり呆《あき》れた顔をする来栖君の前に小柴が歩み寄り、いきなり胸ぐらを摑《つか》んで持ち上げた。とてつもない腕力だ。

「おらガキ！　てめぇ、無駄とか思ってんじゃねぇだろうな⁉　お前ら全員、これができなきゃ、その先なにも進まねぇからな。まず電話かけてかけて、かけまくれ。電話切られたら、5秒以内に次の相手にコールしろ。電話から手ぇ離すだけでもブン殴るからな」

小柴が来栖君を投げるように突き放すと、事務所内は再び緊張感に包まれた。追い打ちをかけるように、牛島も続ける。

「まあ、集中しねぇと研修にならんからな。便所休憩は2時間に1回ってことにさせてもらう。それ以外、営業中は席から絶対立つなよ。クソでもしょんべんでも、我慢できなきゃその場で漏《も》らせ。ヤバそうな奴は今のうちに便所いっとけ。営業開始したら、タバコも昼飯まで駄目だ。あと30分で始めるぞ」

再び静まり返り、スクリプトの用紙をめくる音だけがカサカサと小さく響く事務所内。何人かはトイレに向かい、また何人かは狭いベランダで昼まで吸えなくなるニコチンを補給するが、誰もが足早に席に戻ってスクリプトの読み込みに戻る。

そんな中で、遅刻で平手打ちを食らい、質問すれば胸ぐらを摑まれと踏んだり蹴ったりの来栖君は、内心で感心の溜息《ためいき》をついていた。

(毒川《どくがわ》さんからある程度は聞いてたけど、これはマジでハンパねぇぞ……)

†「ダミー研修」による選抜

「なぜ老人喰いはここまで大きくなってしまったのか?」。その解説に入ると思いきや、いきなり謎のブラック研修の描写で、肩すかしを食った感のある読者もいるのではなかろうか。

だがこれは、詐欺のプレイヤー育成の第一歩。それも「一般登用枠」に行われる、「ダミー研修」と呼ばれるプログラムである。

そもそも、詐欺店舗にプレイヤーとして参入する者には、いくつかの属性がある。

第一に「他の裏稼業」からの転業組。具体的には、まず代表格として「元闇金業スタッフ」。さらにスカウトマンや性風俗のスタッフなどの「元夜職系」。加えて刑務所や少年院内でスカウトされた者、ヤクザの離脱者、店舗関係者の紹介といった「不良縁故《えんこ》系」。さらにエリート枠として悪質商法系の営業経験者や、詐欺組織の末端である集金店舗からの昇進系などなど。

これだけ多岐にわたる裏稼業系参入者だが、彼らはいわばプレイヤー候補者の「シード選手」。研修に参加する時点で詐欺プレイヤーとして働く意志を固めており、稼働中の店舗に直接送り込まれたり、初めから詐欺のシナリオを使用した合宿研修などを経由して、店舗配属となる。

一方で、前章で筆頭金主から緊急の増員と増店舗を言い渡された加藤番頭や毒川店長のような場合はどうか？　シード選手では現場の人材補充が足りなくなる場合に備えて行われるのが、こうした一般登用枠のダミー研修だ。彼らはシード選手である裏稼業系参入者に比べれば、いわば「ノービス（新参者）選手」にすぎない。

どれほど高度先鋭化していても、詐欺店舗に働くルールはあくまで「不良の力学」。だがノービス選手はまずその力学を理解できるかすら分からない。モノになるかどうか分からない以上、その研修の先にあるのが詐欺稼業だということも伝えられないし、いきなり詐欺のシナリオの訓練をするわけにはいかない。研修帰りの足で警察に通報でもされたら、一大事だからだ。

よって彼らノービス選手は、まずは無益な「カラ営業」の電話とブラックそのものの研修環境の中で、コーチ役に詐欺プレイヤーとしての属性を観察されつつ、教育を受けていくのだ。

また、上記で描いたダミー研修に集まったノービス選手の中には、1名の「部外者」がいる。もうお分かりだろう、来栖と名乗った若者だ。彼の正体は、「仕込み」。前章で毒川店長が加藤番頭に「店長候補」としてプッシュした23歳が、この若き現役プレイヤーの来栖君だった。

来栖君に与えられたミッションは、ダミー研修のノービス選手たちに混じって、あえて遅刻をして殴られる役になったり、他のノービス選手に代わって積極的に質問などをすることで、研修現場を引き締めること。そして現役プレイヤーとして研修に参加することで、今後店長格に昇格した際に求められる現場統括のノウハウを実地に学ぶことにある。もちろん、研修期間中のギャラは、「殴られ賃」も含めて数十万円という金を毒川店長から先渡しで貰っているのだが……それにしても、そのダミー研修は来栖君の想像を超えたものだった。

†営業研修スタート

きっかり9時の時報とともに、営業研修はスタート。

20名以上が一斉に携帯電話を耳に、スクリプトと名簿を手に、営業電話をかけ始める。だが開始早々、来栖君の席に小柴がやってきて、その頭を革靴で全力ではたいた。

「テメェふざけてんのか!? 相手が電話切ったら5秒以内で次の相手だっつったろ!」

そういう役だと分かっていても、一瞬頭に血が上る来栖君だったが、見れば牛島も別の机の前で革靴をフルスイングしている。ふたりとも靴は履いているから、なんとご丁寧に「頭を叩く専用革靴」を用意しているようだった。

現役プレイヤーである来栖君からすると、このカラ営業はメチャクチャだ。使っているのはどこで入手したかも分からない名簿で、社名と営業部員名を名乗るところからなかなか話が先に話が進まない。それどころか、電話に出るのがひとり暮らしの若者だったりするから、投資家属性などで絞り込まれた名簿でもないようだった。

それに対して、提案する投資物件は８５００万円。もはや絶望的なのが分かっている営業なのだが、小柴も牛島も一切の容赦がない。

「休むな！　携帯から手ぇ離すんじゃねえよ」

「呼び出し音が鳴りっぱなしってことは、相手留守ってことだろ！　ソッコで切って次いけ！」

罵声《ばせい》を飛ばし、革靴であちこちの頭をバスバス叩きながら、テーブルの間の通路を練り歩く小柴と牛島。その手には2リットルのペットボトルがあり、各員のテーブルの上にあるプラコップの飲み物が減ると、それを注いで回っている。

参加者の中には、早くも「集中しての電話営業業務は体力が必要」ということに気づいた者もいた。たかが電話をかけているだけなのに、階段を駆け上ったように汗が出てくるし、喉《のど》もすぐにカラカラになるのだ。

「オラ！　1件に5分かけたとしても3時間で36件だぞ！　発信履歴がそれ以下だったら、午後は正座でやらすぞ！」

そんな罵声が電話口に伝わるものだから、電話の向こうの相手はさらに引いて話を聞いてくれない。早くも無駄なことをしているのではないかという徒労感が漂うが、背筋を丸めたりミニテーブルに肘をついている者にも、怒声と革靴は飛んだ。

「テメェは相手が目の前にいてもそんな格好で営業すんのかこのカス！　目の前にいるつもりでやんねーから気持ちが入んねーんだよ！」

「気持ちで行け！　気持ちで！」

そんなこんなで、正午前。全員に切迫感が出ていた。

36件に達していなかったら、この拷問に加えて正座である。中には便所を我慢しているのか、貧乏揺すりをしながら顔をしかめて電話を続ける者もいた。事務所の壁の掛け時計の秒針が、意地悪をするようにゆっくり進む気がした。

ぴったり正午の時報通り、牛島のかけ声がかかった。

「おーーーし！　午前の部終了！　お疲れでした」

その声に、「お疲れさまでした」の復唱をできる者はひとりもいない。全員が解放感の溜息をつき、天を仰《あお》いで凝り固まった身体をほぐす。

「うへぇ」

「いやいや、まじで……」

言葉にならないつぶやきでざわめく事務所。だがそこに響いた牛島の言葉に、一同は再びギョッとすることになった。

「ほんじゃ弁当配るから、前まで取りにこい！　全員、便所には行っとけよ。休憩は45分だからな」

見れば、いつの間にかホワイトボード前には仕出し弁当が箱詰めで積まれていた。

ということは？　これだけ働かされて、昼飯で外に出ることもできずに事務所に監禁ということだ！　どこまでブラックな研修なのだろうか。弁当はきちんと箱詰めされた、なかなか高級なものだったが、黙々と食べる誰もが砂を噛《か》むような顔をしていた。

短い休み時間の中で、ニコチンを最大摂取しようとベランダに群れる男たちもいる。その中に、来栖君もいた。

「やべぇ、朝から吸えてなかったから、ヤニクラがハンパねぇな」

「ちょっと、いやかなり、キツいっすね」

30代前半に見える男が美味そうにタバコを吸い込むのを見て、来栖君が答える。実際、来栖君自身は詐欺の店舗プレイヤーとしてかなりの経験を積んではいるが、いわゆる「不良縁故」でこの世界に入ったために、研修は稼働中の店舗に突っ込まれて「3日ですべてを丸暗記してこい」という体当たり的なものしか経験していない。キツいというのは本音だった。

来栖君と同い年ぐらいの若者がベランダの柵《さく》に肘をつき、しみじみとした感じで言った。

「ヤバい、なんか空が青い。まじこれ、3時間で3日分ぐらい働いた気がするわ」

その場でタバコを吸う数名が、同意の溜息をついた。おそらく日常生活を送っていて、一般の会社に勤めていて、これだけ短時間にこれだけの緊張と集中を強いられることはないだろう。研修参加者たちは、強制的に非日常の世界に放り込まれたようなものだった。ベランダから見える、ほんの数時間前まで自分らが生活していた日常が、何か別世界のような違和感をもって感じられるのだ。

そんな休息も束《つか》の間、事務所の中からは小柴の無慈悲な声が響いた。

「あと5分で再開だぞ！　5分前には椅子に座っとくぐれーのヤル気、見せてみろよ！　直前で便所とか言い出したらブッ殺すぞ！」

席に戻ると、午前中握り続けていた携帯電話がうっすら白くなっている。緊張でかいた手汗の塩分が乾いて白くみえるのだ。来栖君が事務所を見渡すと、席が3つほど空席になっていた。座るべき人間が、事務所内にいない。どうやら、午前の3時間での脱落した者がいるらしい。

「いいか！　午前で、3人やめさせてくださいって言ってきた。朝に言ったように、やめたい奴は止めないからな。午後の途中でも、遠慮なく言ってくれ」

またしても無益な架電営業が始まった。

†電話をかける、話す、切られるのループ

電話をかける、話す、切られる、かける、話す、切られる。ただひたすらそれだけのことが、こんなにも苦痛なのか。多くの参加者がそう思ったに違いない。だが延々とこのルーチンを繰り返すうちに、参加者のうちに変化が訪れたようだった。

初めはスクリプトを見ながらたどたどしいトークだったのが、相手の返答次第で自動的に次の答えが出てくる。電話をプッシュするのも辛かったのが、相手に切られそうだと思っている内に次の名簿の番号を確認している自分がいる。なにか、余裕のようなものが出

てきているではないか？

こうした変化を、小柴と牛島はきちんと観察している。舌が滑《なめ》らかになった参加者の前に行くと、適宜アドバイスを与えるのだった。

「いい感じじゃねえか。そしたら次はな。相手が話す言葉って、だいたい最後まで聞かなくても分かるだろ？　だったら最後まで聞かないで、語尾に被せる感じで話せ。相手の言葉、遮《さえぎ》ってもいいから」

鬼コーチ振りを遺憾なく発揮する小柴だが、アドバイスをする際は狭いテーブルの間に腰を落とし、アドバイス対象の横につく。一方の牛島もまた、アドバイスの口調は別人のように柔らかかった。

「もう一歩だな。スクリプトだと、相手がそういう話はいりませんってところで終わってるだろ？　でもな、そこまで電話ガチャ切りできない相手ってのは、ひとの話遮って電話切れない性格の奴なんだわ。分かるか？　これチャンスだろ？　そっからはスクリプト変えてっていいから」

「変えるって、どうやってですか？」

「んなことはテメーで考えろ！」

勢い任せで一発頭を叩く牛島だが、やはり表情は厳しくなかった。

「と言いたいとこだがな。研修だから、教えてやるわ。例えば金がないから投資はできないって話なら、自己資金ゼロからできるローンがありますからとかな。あとは、一度話したところにもう1回戻って同じこと繰り返したり。そういう面倒くさい電話来たら、お前ならどうする？」

「どうですかね……ウザすぎて、面倒だから資料だけ送ってくれって言って、資料届いたら捨てるかもしれないです」

「だろ!?　この営業は、資料を送るまでの営業だからな。相手の金策とかなんとか、都合は関係ねえから、とにかくそこまで持ち込んでみろ」

なるほど、という表情の研修参加者。

そんなことを繰り返すうち、ひとりの参加者が「すみません！」と声を上げた。先ほど小柴にアドバイスを貰っていた男だ。

「どうした!?」

「資料送ってくれって、住所も聞きました」

「よし！　よくやった!!」

小柴と牛島は、その分厚い掌を打ち合わせて拍手した。参加者は、賞賛の表情を見せる者、そして一層焦りの表情を募らせる者に分かれる。

そんな中、牛島がこの第一の成功者の前まで歩いていくと、スーツの内ポケットから金を出してミニテーブルの上に叩き付けるように置いた。5000円札だった。

「言ってなかったけどな。お前ら全員、資料送付までこぎ着けたら5000円だぞ!? 4時まであと1時間、そっから30分休憩挟んで、もう1時間半だ。分かったら死ぬ気でやれ！」

カラ営業と言われていたのに、成功すれば報酬があるのか!? しかも彼らにとって5000円は決して安くはない額だ。誰もが時計をチェックし、再びスクリプトと名簿に集中した。それはまるで、閉店間際のパチンコ屋で最後の勝負に賭けるギャンブラーたちのようだった。

†拷問のような研修の狙い

結局この研修初日、3名の成功者が出て、それぞれその場で5000円を得た。午後6時の終業後、参加者は再び全員起立させられ、朝と同様の「おはようございます」から始まる発声練習を10セット。ようやく解放（退社）の指示が出たのは、さらにその1時間後だ。締めの言葉は、翌日7時半の出勤時間に遅刻した者は初日以上の制裁を覚悟すること、また今日の研修で今後ついていけないと思った者は「明日来なくてもよい」だった。

暗い夜道、異様な緊張感から解き放たれて帰路につく参加者たちの顔は、半ば放心しているようにも見える。そんな中、来栖君だけが一度帰るフリをして事務所近くの駐車場に戻ると、そこにはニヤニヤした顔の小柴と牛島が、真っ黒なセドリックに寄りかかって待っていた。あらかじめ呼び出されていたのだ。

「おおー、来栖君お疲れさま！　悪かったな、バチバチやっちゃって」

「どうすんだ、食いてーもの食いに行っていいぞ。焼肉とか？」

「いやあ……口んなか切れちゃって、肉食っても味分かんないですよ俺」

「ぶはは。そーだったな。悪い悪い！」

小柴も牛島も、研修時とは別人のように明るく、よく笑う。

「マジ手加減なしで掌の真ん中で来ましたよね。脳揺れましたよ俺。ってかそれ以上に、1日電話営業やっただけで、なんか身体中が筋肉痛なんですけど？」

「分かる分かる！　そうなんだよ、電話って1日中かけてっと筋肉痛になるんだよ」

「ぶはは」

小柴と牛島、こいつらいったい、何者なんだろう？　そもそも来栖君は詐欺店舗の店長格である毒川から指示を受けてこの研修に参加しているだけで、小柴や牛島と面識があったわけではなかった。事前に簡単な打ち合わせはしていたが、まさかここまでハードな研修だとは思ってもいなかったのだ。

牛島の運転するセドリックで入ったのは、国道沿いのお好み焼きチェーン店だった。熱くなる鉄板を前に、来栖君の頭の中には質問が渦巻いていた。

「あれ、来栖は呑まないの？　家まで送るからおまえ、呑めよ」

「一応稼業の時は一切酒呑むなって言われてるんで」

「わはは。さすが毒川さんとこの子だな。めっちゃ教育行き届いてんじゃん」

「そんなことより俺、聞きたいこと死ぬほどあるんですけど」

「おー、何でも聞け」

最大の疑問は、この拷問にも似た研修の狙いだ。確かにこれだけ架電訓練をすれば、アゴは強くなる（トーク力がつく）かもしれないが、毒川から研修は1カ月と聞いていた。それほどの期間こんな研修を続けることに、何の意味があるというのか。そもそも事務所

を借り、全員に月収30万円を確約し、ダミー営業に成功するたびに5000円も払ってい
たら、とんでもない研修費用になってしまいかねないではないか？

こんな質問を遠慮せずにぶつけると、小柴と牛島はゲラゲラ笑うのだった。

「来栖おまえさ、この研修、ほんとに1カ月やれると思ってんの？」

「へ？」

「明日っからはもっとバチバチ手ぇ出してくし、スクリプトももっと意味わかんねーものにしてくんだぞ。そだ、牛島君、明日のスクリプトどうする？」

「そうだなあ……『2000万の墓地買いませんか』のやつでいく？」

「ギャハハ！　それいいね〜」

思わず呆れる来栖君だったが、小柴と牛島は、明日は本気で墓地営業をやらせるようだ。

だがここで、小柴はゴトっと飲み物のジョッキをテーブルに置くと、昼の研修時のように威圧的な表情をのぞかせた。

「あのな来栖。最初からこの研修は、1カ月もやる予定はねえんだよ。だいたいお前、明日の朝に何人出社すると思う？」

「何人って……そりゃひとりふたりは来ない奴がいるかもしんないですけど」

その言葉尻に被せるように、小柴は言う。

「甘ぇよ。俺の読みじゃ、5人は飛ぶ。だけど、明日もっと厳しくして、明後日ももっと絞る。定時も7時21時にしてもいいかもな」

「それじゃ全員やめちゃうんじゃないですか？」

自分も仕込み要員としてその研修につき合わなければならない来栖君としては、頭の痛くなる話だ。その言葉を受けたのは、隣で黙々とお好み焼きを焼いていた牛島だった。

「だからさ。そこはバランスだよ。1週間後に仮払いって言ってあるだろ？　それに営業に成功すれば5000円。根性あるやつは、これに食らいついて、1週間は耐える。まあ、ここで10人ぐらいには調整できるだろうな」

「調整……」

唖然《あぜん》とする来栖君に、牛島が補足する。

「まあね、もっと減っちゃうようだったら、少し追い込み緩める場面あるかもしれないしな。アゴがメチャ強くてもったいねえ奴は、少し持ち上げて残す方針で、おひねり出してやってもいいいか」

「おひねり……」

なんとなく、来栖君にもこのダミー研修のコンセプトが見えてきた。そもそもこのふたり、多くの研修生たちを残そうなどとは、はなから考えていないのだ。

「まあ、そうやって1週間後の仮払いまでに10人に絞り込むだろ？　でも、その翌日にまた何人か絶対に飛ぶ。これは、仮払い目的で残ってた人間だ。さて、ここで来栖君に質問です。仮払い貰って、さらにその先でも残る奴っていうのは、どんな奴でしょーか？」

「……打たれ強くて根性座ってて……アゴも強くて、金がメチャメチャ欲しい奴ですか？」

「正解!!　よく考えろ、それってSのプレイヤーの属性そのものじゃねえのか？」

言われてみて、詐欺店舗での経験が長い来栖君だけに、ピンときた。

「多分、仮払いから3日、全部で10日あれば、5人か6人には絞れるだろ。まあ今回は毒川さんから人数集めてくれって言われてるから、場面見て新人補充しつつって感じだろうけどな。1カ月も貰えれば、3クール回して、あの箱だけで15人以上は選抜できるだろうな」

器用にお好み焼きを裏返しながら、牛島が続ける。それにしても、返す返す昼間とは別人だ。

「俺は自信あるね、それで残った15人は、そのあと本番のシノギがSだってカミングアウトしても、引かねえ強さと事情抱えた人間だよ。あのな来栖、言ってなかったけど、今日研修に来た奴の中には、面接んときに住む場所がねぇって言ってる奴が何人かいるんだわ。そいつらは、ひとまず生活費2万渡して、タコ部屋のアパートひとつ用意して、全員突っ込んである」

「タコ部屋って……そんなことまでしてんですか⁉　確かに、そいつらなら、全員残るかも……」

「バーカ。甘いんだって。そういう命がけの奴でも、研修でつめまくれば飛ぶ奴は飛ぶ。そっから絞り込んでくのが、研修なんじゃねえかよ」

思わず感心して黙り込んでしまう来栖君だった。

小柴たちが言うには、この研修のテーマは「葛藤」だ。コーチは怖いし暴力は容赦ないし、怒鳴られ続ける。酷いブラックぶりだ。

逃げたい、逃げてもいいとコーチは言っているが、目の前で5000円を貰える人間もいる。カラ営業の成功で5000円貰えるからには、週払いの10万円にも真実味がある。

ましてタコ部屋組は、明日の食える食えないがかかっている人間。だが、そこからもさらに削るのだ。徹底した追い込みと、その場で貰える成功報酬の狭間の葛藤を作り出す。これが小柴と牛島流のダミー研修の正体だった。

「……もしかしたら、キレて殴りかかってくる奴がいるかもしれないですね。発狂する奴でてくるかも。実際俺も、自分が仕込みだって分かってても半分頭に血ぃ上《のぼ》りましたよ」

しばし考えて返す来栖君に、ふたりのコーチは破顔した。

「おいおいおい、そいつは金の卵じゃねーかよ。よく考えろって。最終的にしっかりカタに嵌《は》められるんだったら、むしろそういう尖った奴のほうがガチの現場じゃ伸びるんじゃねえのか？　来栖、お前もどっちかっていったらそっちのタイプだろ？」

返す言葉がなかった。

平のプレイヤーをやっている限り、こうした見方で他のプレイヤーのことを考えたことはない。このふたりから学ぶことは腐るほどありそうだ。そう思うと、来栖君は、猛然と腹が減ってきた。

見れば来栖君の分のお好み焼きは、半分焦《こ》げかけている。大急ぎで皿に取って頬張りながら、来栖君は腹を据え直したのだった。

それからの研修は、実際小柴たちが言っていたよりも、キツかった。2日目の時点で、小柴の想定通り5人が飛び、さらに遅刻した人間が午前の研修の間ずっと頭を叩かれ続けて、ふたり辞めていった。定時は7時半〜21時となり、間に挟んだ土日も休みはないと告げられた。昼の休憩になった瞬間に真っ赤な顔をして立ち上がり、小柴に食ってかかった男もいる。

「こんなこと、意味あるんですか⁉　こんなの単なるシゴキじゃないですか？」

「は？　意味なんかねえよ」

素っとぼけた小柴の返答に、男は歯噛みせんばかりの表情だ。

「もいっぺん言うぞ、意味なんか、ねーよ。けどな、テレアポ営業ってのは、無意味の繰り返しなんだよ」

「全然意味分かんないですけど」

「んじゃ、教えてやる。例えばちょっと想像してみろ。ここに利益1億円が出る商材が1本あって、10人の営業部員がテレアポ営業してるとする。1カ月、毎日全員が100本ずつ電話こなして、1日1000件、1カ月3万件。2万9999件の無駄電話でも、1本ヒットが入ればどうだ？　ひとりの月収が1000万円の仕事になるだろ」

食ってかかった男は、出端《でばな》を挫《くじ》かれたような顔をしている。だがカラ営業電話をしながらこれを聞いていた来栖君には、その意味が分かった。これは詐欺店舗の収益感覚によく似たたとえだ。

「その時の2万9999件は無駄なのか？」

確認するように小柴が言うと、男も探るように聞き返す。

「……じゃあ、ここで俺らが研修クリアしたら、使う商材ってのはそのぐらいの利益があるものなんですか？」

「あるよ。なかったら、単なるブラック研修じゃねーかよ」

男はそれ以上食い下がる気はないようだった。ただボソッと「ありがとうございました」と言って、気まずそうにホワイトボード前の弁当を取りに行く。

それを見て来栖君は、この現場が何か大きな流れに沿って動いているような気がした。

というのも、実は来栖君は仕込み要員としてこの「こんなこと意味があるんですか!?」の抗議を言うように指示を受けていたのだ。だがそこに、実際に仕込み抜きで抗議に行く男が現れ、小柴はそれを奇麗に断って落とした。まるで予定調和だ。残った研修参加者も、このやり取りは身に染みたに違いない。

21時が定時になっても、それは営業停止の定時。ここから改めて発声練習をしたり、翌日のスクリプトの読み込みをすることもある。

日が経つごとに参加者はひとり減りふたり減り、全員に疲労と睡眠不足が蓄積されていく頃には、昼の弁当に1本1000円以上の強壮剤ドリンクがつくようになった。来栖君は内心で笑ってしまったが、残った研修参加者たちの中には、強壮剤に気づいて「ありがとうございます！」と大きな声で礼を言う者もいる。

朝は定時の15分前、昼は休憩5分前には、ほとんどの者が、自分の机に向かう。何かが、参加者たちの中に芽生《めば》え始めていた。

†研修7日目の出来事

ガランとした研修の事務所内、来栖君を含む6名が、直立不動で立つ。その全員が、初日とは打って変わってスーツ姿で、別人のように引き締まった表情をしていた。髪は短く刈られ、革靴は輝いている。彼らが研修10日目の生き残りだった。

小柴と牛島の予想通りだった。すでに7日目の仮払い10万円は済んでいるが、7日目の時点で残ったのが9名。そして見事にその内3名が翌日には飛んだ。

実はこの7日目の夜、小さな事件も起こっている。10万円を手にして各々帰宅する最中、ひとりが何者かに後ろから殴りかかられ、貰ったばかりの10万円の封筒を奪われたのだ。被害者が目にしたひったくりの背中は、先ほどまで一緒に研修をしていた参加者のひとりに間違いなかった。

すぐさま警察に行かずに事務所に戻った被害者だが、小柴はその場で10万円にさらに2万円乗せて、被害者の参加者に渡したのだ。

「まあ、そういう奴も出てくるだろ。あんまでっかい怪我しなくてよかったな。病院行くか？」

「いや、自分健康保険証とか持ってないんで」

「だよな。何で警察に行かないでここに戻ってきた？」

「……なんとなく……」

なんとなく、自分たちがやっている研修の先が、一般の営業職につながっているのではないことを察したのだろうか。

いずれにせよ、ここに残った（来栖君をのぞく）5名は、この拷問のような研修があと20日続いても、残りの20万のために耐えることを選んだ者たちだった。

スーツ一式や革靴は、この日の朝に小柴が渡した2万円を使い、近所にある「鷲安の殿堂」と冠《かんむり》のつくディスカウントショップで買ってきたものだ。全員の引き締まった顔を見て、小柴と牛島は満足そうだった。

「お前ら、本当にお疲れさまだったな。今日まで10日間、よく頑張ってくれた」

「お疲れさま！　あと、おめでとう！」

おめでとう？　昨日まで鬼そのものだったコーチふたりの、この変貌はなんなのか。そもそも研修は1カ月と聞いている。あと20日間、この地獄の日々を繰り返すことを覚悟しているからこそ、彼ら5人はここに残ったのだ。頭に疑問符ばかりが浮かぶ展開だった。

この展開を聞かされていない来栖君にしても、先が読めないこと甚だしい。

「おいおい、そんな微妙な顔すんなよお前ら。とりあえずな、研修はまだ続く」

やっぱりか……。若干ウンザリの一同だが、続く小柴の言葉は意外なものだった。

「とはいえ！　今日は、ドライブだ。まあ、軽く社会科見学みたいなもんだと思ってくれや」

「表に車持ってくるから、15分後に集合な！　遠足じゃねえけど、便所行っとけよな。あと今日から、タバコ解禁だ。よかったな喫煙者、吸いたい奴は今吸ってもいいぞ」

そう言って、自身も喫煙者の牛島がタバコを1本出すと、数名から「おお……」と溜息のような音が漏れた。来栖君を含めて3名ほどは喫煙者だった模様だ。縛られまくりの研修から考えれば、自由にタバコが吸えるというだけでも天国である。

それにしても、ドライブと社会科見学とは、どういうことだろう。営業職の研修としてはいまいちピンとこない。

事務所ビルの外に回された8人乗りの白いアルファードに一同が乗り込むと、運転席の牛島はすぐに高速道路に乗り入れたのだった。

快晴のなか渋滞のない道を快調に飛ばすアルファードは、はたしてどこへ向かうのか？　首都高速を突っ切って、郊外にまで出てしまう。だが、考えてもしかたない。この研修が始まってから10日間、参加者たちはおよそマイペースというものを一切許されず、乗った船が流されるに任せるような心境で耐えていただけに、特にどこに向かうか深刻に考える場面でもなかったのだろう。

中には溜まりまくった過労のためか、先ほどの小柴の言葉で長く続いた緊張状態が解けたからか、小さないびきをかいて眠る者もいる。そんなこんなで小一時間、車内にノンビリした小柴の声が響いた。

「おーし、そろそろ着くからな。お前ら、ちょっと窓の外見とけよ〜」

と言われても、窓の外を見れば田園地帯が広がるばかり。車は高速道路を降りて、ひたすら田んぼの広がるエリアに入っていた。だが数分後、牛島がその田園の奥にそびえる小高い山に向けてハンドルを切ると、景色は一変した。

まず、道がいい。ここまでの田園の道は、お世辞にも舗装が完璧とは言えず、かなりがたついていたが、山道に入ったとたんにロードノイズが減った。クッキリとしたセンターラインに、両側には小綺麗に刈り込まれた街路樹が並ぶ。

緩やかにカーブする坂道を抜けると、その先の盆地のようになったところに異世界が広がっていた。牛島は路側帯《ろそくたい》に車を停めると、全員に降車を命じた。

ゴルフ場である。広大な敷地は青々とした芝生《しばふ》が敷きつめられ、正門の先には大きなロータリーと、超高級旅館のような立派な日本建築のクラブハウスが聳《そび》えている。敷地内に停められた車は、これまた壮観だ。アウディ、ベンツ、ジャガー、そしてオープンのマセラティとポルシェが車高の低さを競うように並んで置かれていた。

「お前らん中でゴルフやる奴いるか～」とのんびり小柴が聞くも、参加者たちからはノーの返事ばかりだ。

「ま、そうだわな。俺もちょっとしかやったことねえし」

「いいか、おまえら今日はゴルフしに来たわけじゃないからな。ていうか、そもそも俺らはこの敷地の門の中にすら、入れない。けど、この光景目ん玉に焼き付けとけよ」

牛島はよく通る声で、このゴルフ場の素性を語り出した。

「このゴルフ場が作られたのは、1988年、バブルのまっ只中だ。お前らバブル経済って分かるよな？　んで、ここは会員制。基本的には、会員権を持ってる人間と、そいつが連れてきた人間しかプレーできない。ちなみに個人の正会員の会員権は、3000万。会員の平均年齢は、68歳だ」

すらすらと流れるように話す牛島。だが、このゴルフ場を丘の上から眺めたところで、これが何の研修なのだろうか？　参加者一同、来栖君も含めて、この時点でその意味を理解することはできなかった。

「感想は？」

「……平和っすね」

小柴の問いに答えた参加者のひとりの言葉は、実に的《まと》を射ていた。晴れた空。郊外の澄んだ空気。聞こえるのは鳥の声ばかりだ。広大なゴルフ場の見事な芝の中には、初老の男たちが歩いているのが豆粒のように見える。昨日まで自分たちが追い込まれていたカラ営業の地獄とは、まるで別世界だ。

「あの人数のために、この土地って管理されてるんですか？　芝生張るのだって、あの色に保つのだって、モノスゲー金かかるんですよ？」

そう聞いた男に、小柴と牛島は少し意外そうだった。

「ほお、お前なんでそんなこと分かんの？　そういう仕事でもやってたの？」

「いや、親父が造園屋だっただけですよ。それも俺がガキの頃に親父が死んで潰れましたけどね」

「ふうん」

思わず伸びをする者、首の骨を鳴らす者、知らず知らずの内に深呼吸している者……。それぞれにこの景色を目に焼き付ける参加者たちが一番強く感じたのは何だろうか。束の間の休息にも似た時間を断ち切ったのは、やはり小柴の声だった。

「それじゃ、車に戻れ。次行くぞ！」

†コンビニ前の人間観察

次の目的地はゴルフ場からほんの数分の場所だった。ゴルフ場に続く整備された道から丘を下り、再び田園へ。そして1本道を曲がると、そこは「○×工業団地入口」と書かれた交差点だった。

自動車関連、電気系、食品系など様々な企業が入る工業団地は、大型の車両がひっきりなしに通るためか、ゴルフ場付近の道はおろか田園の中の道よりも不整備で、轍《わだち》でうねっていた。

そんな中、牛島がアルファードを再び停めたのは、工業団地のど真ん中に位置するコンビニエンスストアの広い駐車場だ。

「お前らそろそろ腹減ってるだろ？　悪いけど、今日の飯はコンビニ弁当ってことで」

駐車場に8人が降り立つと、改めてその広さが分かる。長いトレーラーがそのまま入れるように設計された駐車場で、ちょうど昼の時間だからか、運送関係を中心に様々な業者が立ち寄り、コンビニの中は壮絶な人ごみだ。小柴と牛島はそんな労働者たちを掻《か》き分けるように、レジかご一杯に参加者たちの食品を買い込んで、アルファードの横に戻ってくる。

「車んなか狭いからな。外で食うぞ。あと言ってなかったけど、ここが今日の第二ポイントだ」

コンビニの駐車場で何の研修を？　そんな疑問は、小柴にも伝わったようで、小柴は苦笑いを浮かべた。

「大事な研修だからな。よ〜く集中しろよ？　目的は、人間観察。ここのコンビニに来る客を、よく観察して、目に焼き付けろ。どんな奴がいるのか、年齢は、服装とか雰囲気はどうか。店に便所もあるから、ここはじっくりいくぞ」

実際、ここは「じっくりコース」であった。飯を食って1時間経ち、2時間経っても小柴と牛島からは終了の合図は出ない。ただ他の車両の迷惑にならぬように駐車場の隅《すみ》に車を移動し、定期的に飲み物などを買い足しに行きながら、人間観察を続けた。

ドライバー職が比較的多い。付近の工場から荷物を受け渡しする時間待ちだろうか、長時間停めたトラックの運転席で仮眠を取っている者もいる。営業車に乗ったスーツ姿の人々は、利用時間が短い。忙しそうに携帯電話を片手に飯を食い、足早に去る。

さらに時間が経ち、参加者の中に連日の疲れによる欠伸《あくび》が出るようになった頃、コンビニの向かいにあるバス停に停まったバスから、大量の男たちがワラワラと降りてきた。ここで、ようやく小柴と牛島の指示だ。

「お前ら、あの集団のひとりひとり、よーく観察しろ」

「あの人たちに共通点があるかないか、平均何歳ぐらいなのか、何でもいいからきっちり観察しろよ」

彼らは付近の工場の中番勤務に向かう者たちだろう。誰もが無表情で、歩く姿に生気がある者は少ない。そして確かにそこには、共通点がいくつかあった。

地味な作業用ズボンは、なぜか判で押したように少し短く、白い靴下の足首がのぞいている。足下を見れば、それは激安靴店のワゴンセールで売っているような特徴のないスニーカーで、薄汚れている。そしてやはり、なぜか揃って安物のリュックサックを背負い、帽子を被っていない者の頭髪は一律でボサボサか、生え際や頭頂部の毛が足りなくなっていた。

平均年齢はいくつぐらいだろうか。服装や雰囲気からすると中高年が多いような気がしたが、よくよく顔を見れば20代から30代の若い世代が多いようだ。いや、そもそもよく年齢の分からない人たちだった。

この一群が去ると、またバスが到着して次の一群。中には道を渡ってコンビニに寄って行く者もあるが、軽食にしても少ない量の食品を買って、生気のない列に戻っていく。

小柴と牛島が参加者たちに見せようとしたのは、この工場作業者の一群だったのだろうか。空を見れば日が沈みかける時間だ。

「よーし、もういいかな。そんじゃ、そろそろ事務所に戻るか」

なぜか研修参加者の口は、重くなっていた。昨日までの研修で散々絞られたところからの、開放的な屋外研修。午前中には少し無駄口も出ていた彼らが、一様に黙り込んでしまう。アルファードの中は、まるで葬儀に向かうマイクロバスのような沈黙に包まれていた。

彼らの心理に、どんな変化が起きたというのだろうか。

†ドライブ研修の終わりに

事務所に戻った研修参加者の生き残り5名の頭の中には、疑問が巡っていたに違いない。いったい今日のドライブ研修は、何のためだったのだろうか？

これだけの時間を費やして、行ったのはゴルフ場とコンビニの駐車場だけ。風景を目に焼きつけろ以外の指示は貰えなかったから、もし事務所に戻ってきてから今日の研修について質問をされ、変な回答をしてまた鉄拳制裁があるのではないかと思うと、不安にもなる。

だがそんな中、唯一現役プレイヤーの来栖君だけは、この屋外研修の意味にほぼ予想がついていた。

(今日で人の絞り込みは終わりだな。いよいよ、これがラストだ)

そう思う来栖君の予想に違わず、参加者に少し遅れて事務所に入ってきた小柴と牛島は、厳しい顔をしていた。

咳払いひとつした小柴は、単刀直入に切り出した。

「前置きなしで行かせてもらうぞ。今日までやってもらった研修は、すべて振り込め詐欺の現場要員になるための選抜だ！」

一瞬、事務所内の空気が凍り付いた。まず、生き残り5名には、すぐに意味が通じないようだった。

なにからなにまで非常識な研修だとは思っていたが、振り込め詐欺？　振り込め詐欺と言えば、毎日のようにテレビのニュースで報道されている、現代日本最悪の組織犯罪ではないか！　それの研修？　いやいや、詐欺の研修らしいものは受けてない。ならば、どういうことだ？

5人に混乱が広がるなか、牛島が続けた。

「おい、剛力康祐《ごうりきやすひろ》」

いきなり名指しして呼ばれて戸惑うのは、研修初日に遅刻して小柴の猛烈なビンタを受けていたうちのひとり。だが牛島は手元でファイルを開くと、淡々とそれを読み出した。

「剛力康祐、1992年12月12日生まれ、S工業高校中退、なんだお前、傷害で鑑別所経験あるんだな。中退後は従兄弟《いとこ》の剛力雅治《まさはる》のやってる住宅内装の会社で職人見習い、1年で従兄弟と喧嘩して警察沙汰になってやめて、あとは居酒屋とコンビニでバイトか。兄弟は2歳年下の妹が母親とT県H市KT町のアパートM荘で暮らしてると。おー、俺この辺なら少し地理勘あるな」

すらすらと読み上げる牛島に対し、剛力と呼ばれた若者の顔はどんどん青くなっていく。他の4人も、同様だ。

基本的なプロフィールは面接時に履歴書に書いたが、それ以外の私的な情報は雑談の中でも出した覚えはない。まさか、調べたってことか⁉　さらに混乱の深まる5人を前に、小柴は追い打ちのように言った。

「剛力以外も全員個人情報は調べさせてもらった。もう一度言う。お前らがこれから配属されるのは、振り込め詐欺の事務所。的（ターゲット）に電話をかけるプレイヤーで働いてもらう。だけど、研修の最初から言ってるように、それは強要しない。やるかどうかを決めるのはお前ら自身だ。一応、この研修の段階でやめてもらって構わないし、その後は俺らは完全にノータッチだ。一切干渉も後追いもしない。ただし！　その後になんか〝面倒なことに〟なった時のために、お前らの個人情報は徹底的に調べさせてもらったってことだ。職歴も。家族も。女がいるならその住所も勤め先も、すべてだ」

皆まで言わずとも、意味は通じた。ここで断って、詐欺のプレイヤーにならなくてもいい。ただし、ここで辞めてその後にどこかで詐欺の研修を受けたことを口外でもすれば、そこに具体的な暴力による報復がある。しかもそれは自身ではなく、家族や彼女に対するものなのかもしれない。これは脅迫だった。

緊張感からか、この時点で誰も「じゃあやめさせてもらいます」の声を挙げる者はいなかった。

「いいか？　やるやらないは、今日の終わりまでに決めてくれ」

念押しのように言うと、小柴と牛島は目配せを交わし、小柴は携帯電話で何か短く通話する。

そして5分後、逃げ出したくなるような沈黙の支配する事務所の中に、ひとりの男が勢いよく入ってきた。蹴り飛ばすようにドアを開けた男は、30代前半だろうか、その丸顔は日に焼けて黒く光り、一目見て高級そうなスーツの胸板ははち切れんばかりに厚い。振り込め詐欺店舗のベテラン店長にして、新副番頭、毒川《どくがわ》。番頭の加藤《かとう》と密談をしていた時とは別人のように、丸顔の中の大きな目に覇気《はき》をギラギラさせ、触れれば爆発しかねない威圧感をもっての登場だった。

「お前らが研修の生き残りか！　俺は詐欺の箱回してる店長の毒川だ！」

唾を飛ばす勢いの毒川に5人の参加者がたじろぐのを見るや否や、それまでの小柴の罵声とは比較にならぬ大音声の怒声が響いた。

「おらあ！　なに座ってんだ！」

毎朝晩の軍隊式とも言える発声練習やシゴキを乗り越えてきた5人である。即座に椅子を蹴るような勢いで立ち上がった。毒川の陽に焼けた丸顔の額には血管が浮かび上がり、いまにも人を殺しそうな迫力だ。が、その次に毒川の発した言葉に、一同の腰は抜けたようになった。

「えーと、こんばんわ〜♪」

先ほどの大音声とは別人のように柔らかい声だった。

「こ、こんばんわ？」

一応返す一同だったが、そのギャップにキョトンとしている。小柴と牛島は苦笑しているようだ。

「うはは。俺はよ、こういうガチガチなの苦手なんだよ。全員、座っていいよ。いきなり詐欺やるかどうか決めろとか言われても、どん引きだろお前ら。つってもよ。わけも分からないで、強制的に詐欺やれなんてことは、俺も言えない。お前らみたいな若いのにこんな稼業やらすっていうのは、ある意味、お前らの今後の人生そのものを左右させることだからな。少し長い話だから、よーく聞いて、よーく考えて、自分自身の気持ちで決めてくれ。いいか？　やるかやらないかは、お前ら自身が決めてくれ」

ガタガタと音を立てて一同がパイプ椅子に座ると、毒川はホワイトボードの前に立ち、大きく赤字で文字を書いて丸で囲むのだった。

書かれた文字は、〈詐欺はそもそも犯罪か？〉だった。

†詐欺はそもそも犯罪か？

静まり返った事務所に、毒川の声はよく響いた。事務所の窓の外からは、幹線道路を行き交う車の音が聞こえる。窓の外は日常、そして事務所の中は「詐欺の研修最終段階」という非日常。参加者たちは、再び異様な非日常の中に巻き込まれていた。

「まず全員に考えてほしい。詐欺はそもそも犯罪か？　そこのデッカイの。どう思う」

指差された男は、20代半ばだろうか。身長は180以上はありそうだが、少し怯《おび》えた表情で答えた。

「それは……やっぱり犯罪だと思います」

詐欺の研修と分かった上で、犯罪と言う「デッカイの」は、なかなか勇気がある。だが、毒川のテンションは、落ち着いて静かで、柔かだった。

「よし、よくできた。それが正解だ」

大きな男は、小さな安堵の溜息をついたようだ。だが「詐欺は犯罪」、そんな当たり前のことを聞いて、いったいこの毒川という男は何を言おうというのか。

「じゃあ、もいっちょ深く考えてみよう。犯罪って、そもそも何だ？」

参加者たちは、思い思いに自分の思う犯罪を考える。殺人、強盗、強姦《ごうかん》、傷害、窃盗《せっとう》、詐欺……。十分に考える時間を与えた後、毒川は続けた。

「簡単なことだ。犯罪ってのは、まず人を殺したり傷つけること。金や物を奪うこと。騙すこと。あと世の中の秩序を乱すこと。人間ってのは、集まって生きてるだろ？　ひとりだって生きていけるって思うかもしれないけど、それは間違いだ。お前らが今日ここに来るまでだって、歩く道を作る奴がいる。素っ裸じゃ歩けないから服を作る奴がいる。電車を作る奴、運転する奴、電気作る奴。人間は集まって、それぞれが自分の仕事を分担することで、社会が成り立ってる。そんな中で、さっき言った犯罪を野放しにすると、この社会がうまく回らないよな？　純粋に犯罪ってのは、この社会っていう人の集まりをうまく維持するために『やったらまずいだろ』ってことの取り決めなわけだ」

ゆっくりと、言い含めるように毒川の話は続いた。そもそもここに集まった5人にとっても、こんなことを考えるのは初めての経験だったかもしれない。

「と、そこでだ。さらにちょっと考えてみてくれ。詐欺っていうのは、人を騙して金を奪うこと。うん、当然、これ犯罪だよな。でもここで、もう一歩踏み込んでよーく考えてほしい。お前ら、人に騙されたりで、金とか物とか自分の時間とか、色々なものを奪われたことはないか？　身の回りにそういう経験した奴はいないか？　んで、奪った相手が、詐欺で逮捕されてないなんて話はないか？　どうだ？」

再び、1分ほどの沈黙。各々が、自分の記憶や経験を掘り起こしているようだった。静かな、それでいて力強い低い声で、毒川は続けた。

「どうだ？　世の中には人を騙して金を奪っても合法だっていう商売は、腐るほどあるじゃねえか。例えば、宝石売りはどうだ？　貯金ゼロの人間を騙して200万円のローンを組ませる奴がいる。テレビ見てみろ、効くかどうかも分からねえ怪しげな健康食品がすげー値段で売られてる。お前たち、みんな若くて苦労人だってこと、俺は知ってるよ。でもそういう若い苦労人に『この資格を取れば仕事がある』なんて言って教材売ったりスクールやってる奴は、どうだ？　高い金払って資格取ったところで、本当に仕事が見つかるのか？　見つかった仕事で、本当に普通に食って行けるのか？　金とって屁《へ》の役にも立たない資格売りつけて、その後に仕事に繋がらなかったら『そいつの責任』って突き放すんじゃねえか」

来栖君の席からは、5人の参加者が全員見えた。そのうちの何人かが、小さく頭をうなずかせているのを見て、来栖君は凝然《ぎょうぜん》とした。この話、参加者に通じている！　当然毒川にも、この反応は伝わっていた。

「なあ。教えてくれよ。人を騙して金を取るのが、詐欺。なら、なんでいま言った商売は、犯罪じゃねえんだ？　逮捕されねぇんだ？　どうしてだと思う？　こんな商売に騙されて、借金抱えて泣いてる奴なんか、ゴロゴロいるじゃねえか。なあ、杜《もり》、おまえはどうしてだと思う？」

突然名指しで呼ばれた杜という男は、一瞬ぎょっとしたようだった。ここに集まった中でも、特に若く幼く見え、線も細い青年だ。年の頃は20代前半だろうか。研修中も、常に小柴たちの罵声に怯えた表情を見せていた。そんな杜だったが、答える言葉は意外にしっかりしたものだった。

「それは……間に、実際に商品が介在していて、それを買う人間が任意で買っているからだと思います」

それを聞いた毒川は、大きくうなずいた。

「その通りだ。たとえそれがゴミのような商材でも、間に現物の商材があって、『任意』、つまり相手が購入時に納得しているから、これは犯罪じゃない。でもさ。本当にそうなのか？　実は俺は元々、不動産屋の営業やってた。こいつ絶対に将来ローン払っていけねぇだろうなって奴とか、嫁さんか旦那のどっちかがちょっと病気で倒れたら即ローン焦げ付くなって奴に、頭金ゼロで一杯一杯のフルローン組ませたよ。銀行屋もグルになって、ノリノリだよ。それが流行だったからな。実際、そのうち何人が支払いできなくなって自己破産したかわかんねぇ。何組の家族、何人のガキが路頭に迷ったか、わかんねえ。でもな、テメェで売った家を見に行って、表札《ひょうさつ》が変わってたり、廃屋《はいおく》みてぇに荒れてたりしてるの見ちゃうと、胃が痛ぇよ。俺は小心者だからな、罪悪感はある。騙される奴が悪いなんて、言えねえよ」

その異様な言葉に、一同は聞き入っていた。それは、仕込み要員のはずの来栖君もだ。人を騙して金を奪うプロである詐欺屋。それを束ねる店長格の毒川の言葉とは、とても思えない。その様子を見回すと、毒川は再びホワイトボードに向かい、大きな文字を書いた。

(1)貯蓄ゼロの人間を騙して無価値なものを2000万円全額ローンで売る
(2)貯金2000万円の人間を騙して2000万円を奪う

そして、その文字をドンと拳で叩いて、続けた。

「俺は、詐欺屋始めてもう何年も経つ。だけど、前の仕事みたいな罪悪感を感じたことは、ほとんどない。なぜなら、これは犯罪かもしれねえけど、最悪の犯罪じゃねえからだ。いいか？　いま、詐欺でひとり騙して取る金の単価ってのは、200万円程度だ。お前らにとって200万円っていうのは、とんでもねえ額だろ？　それ取られたら、首くるかもしれねえ。生き死にの問題だろ？　でも、詐欺で200万円取るのは、その日のうちに200万円用意してポンと払える余裕のある人間だ。そいつらは200万円取られて、悔しいかもしれないけど、そこに本気の痛みはねえ。それが即生き死にに関わるような人間じゃねえ。俺が詐欺で罪悪感を感じないのは、200万取っても痛くない人間を狙って、そいつらから奪ってるからだ。たとえこれが1000万でも2000万でも、それを払うことができて、取られてもさしてダメージを感じない奴から取ることに、俺は一切の罪悪感を感じない。お前ら、昼に研修でゴルフ場と工業団地見てきたろ？　思い出してほしい。平日の真っ昼間っからゴルフ場に高級車並べてたのは、どんな奴らだった？　俺らが詐欺で的にかけるのは、まさにそいつらだ」

参加者の脳裏《のうり》に、昼間に見てきたばかりの高級会員制ゴルフ場の駐車場がまざまざと甦《よみがえ》った。あそこに置かれていた車を全部集めたら、いったいいくらになるだろう。1億、2億じゃ済まない。それだけの「財産」が、確かにあの山の中に作られたゴルフ場にはあったではないか。

同じく聞き入っていた来栖君は、ここでハッとした。「ゴルフ場の話」が出たら、仕込みの発動。そう事前の指示を受けていたからだ。手を挙げて、発言の許諾を得た。

「あの、少しおかしくないですか？　老人だって聞きました、あのゴルフ場の会員。でもそのジジイたちの金も、そいつらが必死こいて働いて貯めた金じゃないんですか？　老後のために取っといた金かもしれないじゃないですか。罪悪感ないって言うのは、言い過ぎっていうか……。それに貧乏な老人もいるじゃないですか？」

仕込みと分かれば茶番劇だが、5人の参加者たちは来栖の言葉に毒川がどう返すのかに集中している。見事に狙い通りだった。参加者らの頭の中でも、これは引っかかった部分なのだろう。

「そうかもしれないな。確かに老人にも貧乏な人間はいる。溜め込んだ金は、頑張って働いた結果かもしれない。けど、数字は嘘をつかない。こんなデータがある。現代の高齢者の平均預金額は、2000万円だ。これは不動産とかの資産を含まないけど、日本中の全世帯の貯蓄総額の6割は、60歳以上の人間たちが抱え込んでる。その上で、平均で月に18万円の厚生年金を貰っている。これは、今日お前らが見てきた工業団地で働く人間の平均月収とほぼ同じだけど、奴らは働かずにその金をもらっている。年金を貰っている老人の4割は、それを使い切れなくてさらに貯金してる。そして死ぬ時に使い切れずに残すのは、不動産なんかも全部込みの額で平均3000万円だ」

ひとつひとつの数字を、毒川は几帳面な字でホワイトボードに書き出していく。日本は金を持った高齢者と、金のない若者の国。そんな構図が、5人の中に染み渡った。

「俺は不思議でしょうがない。この使い切れない金を、なんでこいつらは使わないんだ？高級車買ってゴルフやってる奴らは、まだマシだよ。こいつらが金使うことで、若い人間も仕事ができる。物を買えば、それを作る若い人間に金が回る。だけどほとんどの老人は、ただ自分のために金を溜め込んで使わない。奪われないように、減らないように、目《え》ギラギラさせて、金を抱え込んでる。日本中の金を持ってるこいつらが金を使わないから、ますます若い人間は働いても働いても、貧乏から抜け出せねえ。今日お前らが見てきた工業団地で働いてる奴らは、どんなに真面目に頑張っても、報われねえ。何年働いても、ゴルフ場の会員権すら買えねえだろ。これは誰のせいなんだ？　金と仕事がなくてこの求人に応募して、このメチャメチャハードな研修にしがみついてきたお前らが、一番身に染みて分かってることじゃねえのかよ？　違うか？」

いよいよ、この研修も締めだった。毒川はホワイトボードにそれまで書いた文字をすべて消すと、それまでで最も大きな文字で〈**老人は日本のガンだ**〉と書いた。

「日本の老人は、世界中でも最も金持ちで、最もケチな人種だ。若い人間が食えなくてヒイヒイ言ってる中で、金もってふんぞり返ってるこいつらから、たった200万程度を奪うことに、俺は一切の罪悪感を感じない。むしろ俺はこの仕事を誇りに思ってるよ」

研修の初日にこんなことを言われても、誰も深い意味では納得できなかったかもしれない。とんでもない極悪人だと思ったかもしれない。だが今は、その言葉が参加者たちの心に強く刻《きざ》み込まれた。

20人以上の候補者から、5人に絞られた。どう考えてもブラックすぎるし、人権を無視し、あり得ない扱いをする小柴と牛島に強い殺意を覚えながらも耐えた。その理由は、生きるためだ。1週間10万、1カ月30万円の金のために、その地獄と屈辱に耐えたのは、そこに残った全員が、そうしてでも金を得なければならない。しがみついてでも欲しい理由があったからだ。そんな参加者だけに、毒川の言葉はパラダイムシフトでもあり、感動すら呼んでいるようだった。

となれば、毒川が話すべきことは、もう少ない。最後の追い込みをかける毒川だった。

「話が長くて悪いな。そんじゃ、これからの話をしよう。今日、この場で俺らの下で働くことを決めた奴は、来月頭から実際に詐欺の研修に入る。それまでの準備金で、約束の20万円は今日支払うし、住む場所がない奴は言ってくれれば、用意する。実際に現場で働くようになったら、最低でも月に50万円は保証する。これは一応交通費ってことで、毎日日払いで2万円払うからな。実際詐欺に成功したら、報酬は歩合でテンパー。200万円の物件1発当てたら、20万円だ。稼げる人間は年に5000万の奴もいるし、1億稼いだ伝説みたいなプレイヤーもいる。あと何より大事なのは、この稼業で何年もやってる俺が、今ここでお前らに話をしてるってことだ」

ここで毒川は1回言葉を切った。何年も詐欺稼業に手を染めている毒川が、ここにいる。その意味は？　これは、ここに集まる5人の最後に残った不安を払拭《ふっしょく》するための言葉だった。

「簡単だな。俺が、捕まってないってことだ。詐欺って稼業で、店舗で働くプレイヤーが捕まることは、まずほとんどない。実際、俺がこれまでやってきて絡んだ店舗で、逮捕者はひとりも出てない。捕まるのは、店舗とは別で動いてる集金部隊の人間だな。店舗のプレイヤーが捕まったニュースなんかたま〜にあるけど、あれは筋が悪い店舗だと思ってい い。うちの店舗はプレイヤーが逮捕なんてことが万が一にでもないように、徹底的にガード固めてる。そのガードをするのが、店長である俺の責任だ。だからお前ら、俺に、命を預けてくれ。俺は命がけでプレイヤーを守る。お前らは、その一流の詐欺店舗の厳しい選抜に残った。そのことを、誇りに思ってくれ。この小柴と牛島って、メッチャメチャだろ？　お前らも散々革靴で頭ひっぱたかれたんじゃねえの？」

苦笑を漏らす小柴と牛島に、5人からも小さな笑いが起きた。

「じゃ、最後の最後は、やっぱり自分自身で決めてくれ。俺が言いたいことはこれだけだ。詐欺は最悪の犯罪じゃねえ。すげぇ稼げるし、捕まらねぇ。ここにしがみつけば、もう、生きてくことの不安とか、報われない思いとか、悔しい思いなんかすることはねえ。お前らは、選ばれた。以上だ」

杜と呼ばれた賢そうな若者は、決意を固めたように唇を噛んでる。剛力というヤンチャそうな若者の眼は、ギラギラしている。「デッカいの」は毒川の言葉になにか感じるものがあったのか、少し涙ぐんでいるように見えた。

「こいつらは、全員残るな」

毒川、小柴と牛島、そして来栖君の全員が、そう確信し、事実その通りになった。この日、この5人の研修参加者は、全員が詐欺のプレイヤーとして働くことを覚悟した。

最後の締めとばかりに、小柴がもう参加者たちの耳にこびりついた濁声《だみごえ》の罵声を飛ばす。

「よしゃあ！　全員、起立！」

ザッと音を立てて、全員が立ち上がって直立不動の体勢を取る。

「そんじゃラストにいつもの発声練習！　おはようございます！」

反射的に復唱しようとする5人を遮って、毒川が小柴の頭を勢いよく張り飛ばした。「待て待て待て！　小柴オメー、こんな遅い時間に大声出したら、ご近所様に迷惑だろ！」

参加者の中に、今度は遠慮ない爆笑が起こった。

厳しい研修に耐え抜き、選ばれた。ここにしがみついて働けば、これまでとは人生が一変するような収入が得られる。そこには、希望があった。

勝ち抜いてきた5人に、強い一体感が生まれていた。

†老人喰いの大義名分

詐欺の現場プレイヤーのモチベーションは、異様なほどに高い。これは取材を重ねるほどに痛感したことだった。

誰もが努力と研鑽《けんさん》を惜しまず、学び、工夫し、より多くの金をより効率的に高齢者から奪うために尽力する。このモチベーションは、どのようにして培《つちか》われるものなのか、細かい心の機微を理解するために、長い物語をしてしまったが、これまでの取材で聞き取ったいくつかの詐欺組織の研修ディテールをひとつにまとめてみた。

いわばこれは、洗脳だ。実際、詐欺プレイヤー候補者のシード選手である裏稼業系参入者も、ここで残った5人のような一般登用枠のノービス選手も、店舗配属の前には新たに詐欺プレイヤーとしての研修を受けることとなるが、ここにはもっと露骨な洗脳のテクニックが使われている。

前述研修のコーチ、小柴のモデルになった人物は、取材に応じてこんな証言をした。詐欺研修の洗脳メソッドは、いわゆる自己啓発セミナーをモチーフにしているというのだ。

「まず第一に大事なポイントは、泊まり研修であること。よく研修で泊まりにするのは『逃げられない環境に隔離するため』って言いますが、詐欺研修ではちょっと違って、チームの一体感を作るためという意味が強い。山荘《さんそう》を借りることもあれば、ちょっと地方の事務所を間借りすることもある。事務所泊の場合は風呂は近くのサウナとかですからね、決して逃げられない環境じゃない」

実際に詐欺の現場業務においての研修は、それほど時間をかけるほどのものでもない。裏稼業経験者の新人プレイヤー研修が、「他の稼働中の店舗に送られてトークを丸暗記させられる」と前述した通りだ。スクリプトを記憶したあとは、先輩プレイヤーや講師による実演の見学と、ロールプレイ演習（三役に加えて被害者役など役回りを演じる演習）で、詐欺業務の研修は終わる。

だがこの実技研修に加えられる洗脳研修こそが、詐欺研修の最も大事なポイントだと、小柴コーチ（のモデル人物）は言う。

「自分たちがやるのは、『ネガ研修とポジ研修』です。例えば『50の失敗』。これは候補者を円座《えんざ》にして、ひとりずつ『人生で自分のやった失敗』を発表させるもの。そのひとつひとつについて、全員が感想を述べていくわけですが、ここでふたつだけルールを作る。『絶対に相手に同情しない』『言い訳をしてはいけない』です。どんな失敗でも、そいつ自身に原因があったんじゃないかを、時間をかけて徹底的に追及するんです。これが典型的なネガ研修ですが、肝《きも》は発表者本人に、全ての失敗は自己責任であることを認識させることです。誰かのせいや世の中や環境のせいではなく、自分自身がその場その場で最良の選択や努力をしてこなかったから、自分は失敗したと」

「袋だたき」とか「フルボッコ研修」という物々しい別名がつくほどに、このネガ研修は厳しい。50の失敗を発表し終わるころには、ほとんどの人間は人格が崩壊するという。

「暴れ出す奴は、力ずくで押さえつけて続ける。もうその場で人間であることやめちゃって、小便漏らす奴までいますからね。これを全員に1ターンやるんです。ここで大事なのは、夜中にやることですね。あと、ネガ研修については詐欺の研修でも最初の1回しかやりません。危険ですからね」

そしてネガ研修によって、徹底的に自己肯定感を剝奪されたプレイヤー候補者たちに対して行われるのが、その全く逆のポジ研修だ。ポジ研修は、まず拍手から始まる。

「まず、ネガ研修をクリアできたことを、徹底的に賞賛してやるんです。普通はこんな地獄には耐えられない。人生の失敗を直視するのは辛いことだけど、それを徹底的にやったお前らは、今後の人生で必要な時に必要な選択と努力ができるはずだと。これまでの人生が良くなかったのは、全て失敗を何かのせいにしていたからであって、これからは違うぞと持ち上げまくる」

賞賛から始まるポジ研修にもまた、いくつものパターンがある。例えば『3000万円の夢』だ。

「詐欺のプレイヤーでもある程度の奴は3000万なら到達するラインです。その金を使って何をやりたいかの、発表会をするんですよ。夢を発表させて、周りの参加者で『そんなの小さいだろ、もっと色々できるぞ！』って煽《あお》りまくる。実際に詐欺の成功者のその後の人生を紹介することもあるし、この時点でゲンナマ見せることもあります。この金が、お前らにも稼げるようになるって、実感させるわけです。このポジ研修については、箱が動いてる時の終礼ミーティングとか、箱閉鎖して次の企画が立つまでの待機期間にもやります。大金を稼いだOBに、もってる車の中で一番高い車で来てもらって、講釈してもらうこともある」

ポジ研修の締めは、全員でスクラムを組んで、「俺たちはやれる！　やれる！　やれる！」の三唱だ。

「他所の店舗じゃ朝にジョギングさせるところまであって、かけ声が『イチニッサンシッお〜〜〜れ！』らしい。もちろん最後のはオレオレのお〜れで、爆笑ですよね」

この他にも様々な研修の事例があるが、共通して研修参加者に植え付けられるのは、以下の「大義名分」だ。

・詐欺は立派な「仕事」である。
・店舗に編入されるプレイヤーは、編入されるだけでも選ばれた人間である。
・詐欺は犯罪だが、「最悪の犯罪」ではない。なぜなら「払える人間から払える金を奪う」商法であり、詐欺被害者が受けるダメージは小さなもので、もっと悪質な合法の商売はたくさんあるからだ。
・詐欺で高齢者から金を奪うことは犯罪だが、そこには「正義」がある。金を抱え込み消費しない高齢者は「若い世代の敵」「日本のガン」である。
・ここで稼ぎ抜くことで、その後の人生が確実に変わる。

まさに洗脳以外のなにものでもないが、現場プレイヤーたちにはこの大義名分が見事なまでにフィットし、むしろその洗脳を進んで受け入れる。その理由は、もはや言うまでもないだろう。

その大義名分の中で問題なのは「それが犯罪である」ことだけで、それ以外の部分に明らかな正論が含まれているからだ。日本の高齢者が貯蓄を抱え込んで消費が活性化しないことも、若者の低所得化や将来不安も、逮捕されないグレーゾーンの悪辣《あくらつ》な商法が横行していることも、全て事実だ。そして、この刷り込みは、いくら頑張ろうと経済的に報われることがあまりに少ない若者たちの、「経済的なルサンチマン」を強く強く賦活《ふかつ》する。

さらにもうひとつ、彼ら若きプレイヤーを強く惹き付けるものがある。それが、前述の物語の中に登場する加藤のような「番頭格」、毒川のような「店長格」といった、現場統括者たちだ。

†番頭格の発するオーラ

某年某月、都内某シティホテル3Fロビー喫茶にて、ゆったりとしたソファに座ったその33歳の男を見て、「やっぱり、また〝このタイプか〟」と感じた。先の尖《とが》ったウィングチップの革靴に落ち着いたカラーのチノパンで、ソファに深く腰を沈めて若干股開き。上にはポロシャツを合わせるが、その袖口は太い二の腕でパンパンになっていて、ちょっとしたスポーツ選手のようだ。程よく日焼けした顔に、小さなトライバル柄の刺繡《ししゅう》が施されたハンチングハットだけが、なにやらアンバランスな不良っぽさを醸し出していた。

「自分は番頭に上がって2年ですけどね。現場のプレイヤー上がりです。番頭昇格の条件ですか？　そうですね、つまんない話かもしれないですけど、まずは勤続年数ですかね、サラリーマン的な。プレイヤーとして、上を裏切らずに働き続けた勤続年数ってのは大事です。金主からしたら、銭《ぜに》預けてそのまま飛んじゃうなんてのは論外ですから、わかりますよね」

相手の目をしっかり見据えた堂々たる態度。明るく健康的な表情から感じ取れるのは、「豪放さ」と「抜け目なさ」。精力と自信の漲《みなぎ》る身振りは、俳優職なども想起させる雰囲気だった。

これが、「番頭格」。これまで取材活動の中で接触できた番頭格は数名にすぎないが、その全員に対して、初対面の時の強烈な印象を忘れることができない。この33歳の番頭・河《かわ》田《た》君もまた、凄まじいオーラのようなものを発する男だった。なんと表現すればいいのか分からないが、男として直感的に「この男は信用できる、自分を預けられる」と思えるような空気だ。声がいい。表情が豊かで、落ち着いていて、明るくて、迫力がある。

幾人かの詐欺関係者から番頭昇格の条件について聞いたこともあるが、それは以下のようなものだ。

・啖呵《たんか》力（鶴の一声で現場をまとめる力）がある。
・強い好奇心があるが用心深い人間。
・借金を摘《つま》まない人間。
・薬物絶対NG。
・ギャンブルが地味な人間。博打好きはまず番頭昇格はない。
・自分自身の遊びは地味で、人のために金を遣う人間＝オゴリ好き。
・喧嘩好きはNG。組織内で必ずおきる揉め事で、どのポジションにいるか。
・人脈豊富で人を集める力があること。
・プレイヤーを育てることができる。

なるほどこれは、詐欺という不良稼業の中で人をまとめ、安定して集団を運用していく条件としては説得力がある。けれど、取材した結果の印象では、最終的に番頭格は「人格で選ばれた」「漢《おとこ》で選ばれた」としか、僕には思えなかった。河田君もまた、その代表のような男だった。そして、彼の下で働く現場プレイヤーたちの心情を、深く考えている男だった。

「俺は、ある意味で、ブラック企業ってあんま否定してないんですよ。ブラックって、そこから省《はぶ》かれる（落伍《らくご》する）奴は文句ばっか言いますけど、残ってやってる奴ってモチベやたら高いですよね？　あとラーメン屋とか居酒屋とか、自己啓発突っ込んで、安い給料でもみんな頑張って店もりたててこう！　みたいな一体感出したり。Sの店舗は、言ったら十分な福利厚生と、十分な報酬があるブラック企業なんで。現場で使える人間を絞り込んでく手段として、ブラック企業の理屈って間違ってない。けどS店舗の福利厚生は、他の比じゃないですけどね」

実際に河田君の統括する店舗では、アガリ（詐欺収益金）のインセンティブをプレイヤーに支払う以外にも、分厚い福利厚生を用意している。

例えば追加でプレイヤー研修を受ける際の研修費用は、番頭持ち。これをプレイヤー自身に負担させる店舗も少なくない。万が一の逮捕時のために、積立金までしてやっている。店舗の中でひとりふたりが逮捕されても、警察の尋問に耐えて上層部を守れば、出所後の生活や仕事は保証される。なんと妻子のいるプレイヤーに「家族手当」まで出している。

プレイヤー同士が横で繫がることは制限されるが、店舗解散時や大フィーバー（ひとりの被害者から多額の金を奪う）時など、定期的に慰労パーティーを開き、乱痴気《らんちき》騒ぎする。ある程度の大金を稼いでプレイヤーを引退する者の追い出しコンパもやるし、OBが稼いだ金で事業を興《おこ》す際の相談や人脈相談にも応じる。個々の人生相談にだって乗る。

「それやれるだけ、番頭の稼ぎが太いってことですけどね。ただ、稼いだ金は自分のためじゃなくて、人のために使えってことは、現場の人間には常に言ってます。単に貯めてたり、自分だけが儲けようとしてたら叩かれる（強盗で詐欺収益金を奪われる）可能性がある。後ろ暗い稼業やってる時点で、憎まれたり妬《ねた》まれたらすぐに後ろから刺されますよ。かといって不良のガキが商売やろうとしたら食い潰してやるってヤカラもゴロゴロしてますけどね。目立って金使ってたら警察の目にもつくけど、基本は自分と同じ世代、下の世代のために使えよって言ってます。キャバで呑むでも風俗ハシゴするでも、なんかイベントやるにしても、自分らがSで摑んだ金で下の人間を食わすことを考えろってね」

金を溜め込んで使わない「日本のガン」である高齢者から金を奪い、それを自分の下の世代に還元する。その手段が詐欺だから正当化にも限度があるが、取材した中には冗談やカッコつけではやれないことをやった者もいる。あの2011年の東日本大震災後に、被災地の若者・子供向けの募金にとてつもない額を投げた番頭がいた。一般的なサラリーマンの何年分もの給料に匹敵する額だ。同じ人間がその直後には被災地の高齢者をターゲットにした詐欺のシナリオを練っているのだから、やはりそこは「彼らなりのバランス」「彼らなりの正義」で動いているのだが……。

少なくともここで彼らの下で働く現場プレイヤーたちには、ひとつの強い感情が生まれる。

番頭や店長に対する、「心酔《しんすい》」だ。

†若者の目の前にいる成功者

非常に分かりやすい話で、現場プレイヤーにとって番頭格や店長格は、目の前にいる「成功者像」なのだ。この圧倒的な求心力を痛感したのは、実は詐欺ではなく「建築や土木」の業界で高齢化が進み、若い成り手が激減している現状を取材した時に、この業界の親方衆から聞かされた言葉だった。

「他の親方衆と話してても、最後は同じ話になるんですよ。結局俺ら親方がカッコ良くないから、若い衆が入んねえんだなって。俺らが若い頃は、家が貧乏で勉強も嫌いで、中学からグレた人間で集まって暴走族やって、そんで引退したら地場のヤクザとか建築土木の人間が拾って、仕事やらせてさ。親方も先輩の職人も、でっかい車転がしてでっかいパイオツの姉ちゃん助手席に乗っけて、バンバン呑ませてもらって、やっぱカッコいいじゃんそういうの。職人になるってことは、そういう大人になることとだって思ってたけどね。そんな俺らが今親方になって、稼げてねぇんだから。車っつったらミニバンだろ？　助手席は嫁さんで後ろはガキで、親方衆だけで家族で集まって週末バーベキューやってたって、若い人間は『なんじゃそりゃ』だよ」

この言葉には説得力があった。確かに現代の若者は、「身近な成功者像」にこそ、飢えている。「この仕事をやれば、この人のようになれる」という目標がないのだ。

一方でその若い世代には、いわゆる「マイルドヤンキー化」「ソフトヤンキー化」が進んでいる。都市部への上京志向や上昇志向は弱く、地元の同世代の仲間とつるんで、特に大きな夢を見ることもなく低い賃金でも仲間との助け合い精神の中で、ある程度満足する現代の若者像だ。

だがそんな中でも、上昇志向の高い若者はいる。マイルドヤンキー層の中で極端に強い上昇志向はむしろ「痛い奴」扱いされかねないが、それは彼らマイルドヤンキーたちが身近な成功者像がないがための諦観論者の集団だからだ。そんな集団の中で浮き上がるほどに上昇志向の高い若者が、河田君のような番頭格を見たら、どうだろうか。

そこに生まれるのは、成功者である番頭などへの心酔。そして「自分たちだけが成功の方法を知っている」「自分たちだけがカッコいい大人の先輩を知っている」という、露骨な選民意識だ。

若いプレイヤーの中には、こんなことを言う者もいた。

「地元の友達にSやってるなんて、口が裂けても言えないですよ。どん引きされるし、バカにされますからね。恥ずかしいことやんなって。でもそいつら、アホだと思いますね。そいつらの年収、俺らは1カ月で稼ぐこともある。世界違うっていうか、あいつら『貧乏に飼いならされてる』だけで、意識低すぎだよって思ってますね」

いわゆる不良の若者層の中でも、詐欺で稼ぐことは「ダサい」という空気はある。「金回りがいいと人が寄ってこなくなる」という、ちょっと昭和生まれには理解し難い言葉も聞いた。この現代の日本で、金を持った若者は「何かヤバいことをやってるんじゃないか」という空気だ。

だが、周囲が醒《さ》めていれば醒めているほど、上昇志向高きプレイヤーたちは燃え上がる。いわば彼らは、「意識改革されたマイルドヤンキー」「マイルドヤンキーになれないほどの熱さを秘めた者たち」なのだ。そして詐欺のプレイヤー育成に使われるブラックすぎる研修システムは、この貧しく停滞感を抱えた人材のプールから、彼らのような人材を見事に抽出することに成功していた。

以上が、老人喰いがこれほどまでに拡大した理由だ。日本の高齢者に富が集中し若者が食えないのは、厳然たる事実。そんな現代日本で、彼らはその高齢者を喰らうことの大義名分を洗脳され、むしろ自らそれを信じ込む。そしてブラック企業以上の厳しい選抜に勝ち残ることの自己肯定感。身近な成功者像であり圧倒的な「男の求心力」「再配分の美学」をもつ上層部に心酔し、そこに属することに強い選民意識を得る。

これではやはり、老人喰いがなくなるはずはないのだ。このモチベーションを持った若いプレイヤーたちは、その稼業が詐欺でなくても、高齢者を騙して金を奪うことに躊躇《ちゅうちょ》をしない。第2章の冒頭で「手口を知っても意味がない」と述べた理由はここにあって、結局彼らの心情としては、高齢者から金を奪えるのであれば、その手段は問わないわけだ。

この心酔と選民意識がある以上、なおさらに自分の「恩人」でもある上層部を警察に売るなど考えないから、万が一店舗まで摘発されたとしても上層部にまで捜査の手が及ぶ可能性は一層低くなる。もし摘発によって現場店舗が全滅しても、てっぺんが生き残れば、前章に書いたように、また新たに意識の高いプレイヤーを育てればいいだけの話だ。

実際には、プレイヤーには見えていない雲の高みに「搾取者《さくしゅ》」としての金主がいる。彼らは安全なところで自らの手を汚さず、投資活動として若者に老人喰い稼業をやらせている搾取者だ。

が、現場プレイヤーはそれを知っても、なおかつ上層部を警察に売ることはない。なぜなら金主は「若い人間が食うために投資」をし、詐欺のインフラを整備する。ただただ金を溜め込んで利己的な用途に使うことすら渋《しぶ》る高齢者に比べれば、搾取者の金主もまた正義。彼らの中には、こんな理論が通底しているからだ。

第4章

老人喰いとはどのような人物か

——4人の実例からみた実像

†激変するプレイヤーの素性

では実際に、どんな若者が詐欺という老人喰い稼業の現場プレイヤーとして現場を回しているのか。この高いモチベーションで詐欺犯罪を行う若者の素性はどんなものなのか。まずは簡単にその概論だ。

オレオレ詐欺が激増しはじめた2003年頃、その現場の中核を成していたのは、多重債務者や闇金関係者だった。当時「臓器売って金返せ」といった過激な取り立てと超高利息が社会問題化していた闇金業者は、法改正（ヤミ金対策法・2003年第156回国会にて成立）を目前に、大きな転換期を迎えていた。業界でも最有力とされていた「五菱会《ごりようかい》系闇金」の大幹部が摘発されて、系列店舗は解体。そんな中、その闇金の経営陣や現場要員の中には、この稼業を抜けて次なるビジネスに展開する者たちが、当然現れる。そのうちのひとつが、オレオレ詐欺だった。

そう、初期の詐欺プレイヤーが闇金経験者だったからこそ「金主《きんしゆ》・番頭《ばんとう》・系列店舗」といった詐欺結社のヒエラルキーは見事に五菱会系闇金のコピーだったし、しかもその上層部に摘発が及ばないように各階層を分断した「進化バージョン」に変遷を遂げていく。初期のプレイヤーに多重債務者が含まれていたのは、その債務を詐欺店舗で働かせることで回収するシナリオが背後にあったからだし、末端の「逮捕要員」として使われる集金役（当時はダシ子）にも多重債務者は多く活用されていた。

だがそのプレイヤーの属性は、時代とともに急速に変化していくこととなる。

まず、より効率よく詐欺を成功させるため、闇金系人材をサポートするような形で業界に参入したのが、90年代から21世紀の狭間《はざま》にかけての裏稼業に若きプレイヤーとして従事した者たちだ。悪質訪問販売や催眠《さいみん》商法、デート商法、資格商法からマルチなどに携わってきた、いわゆる「悪徳営業職」のエリートたち。彼らは自身がプレイヤーになることもあり、プレイヤーの研修講師、シナリオ作成、名簿屋人脈の開拓などのソフト面で詐欺業界を支える重要な人的資源となっていった。

次いで参入してきたのは、東京・東京近郊の若い不良少年らだった。10代のプレイヤー、20歳そこそこの店長という詐欺店舗まで現れるが、彼らはいわば「縁故《えんこ》系参入」だ。当時のプレイヤー取材では、元々ヤミ金で稼いでいた地元の不良の先輩が詐欺に転業し、その人脈でスカウトされ教育されたというデビュー経緯が多く聞き取れた。

こうして元々の裏稼業系・不良系人脈が中心となって、第1〜2章に描いたような徹底的に合理化した組織を構築し終わったのが、05年末頃だろう。

そこからしばらく、人材の属性についてはさほど大きな変化はなかったが、08年を前後して新たなる参入者として増えてきたのが、一般企業経験者、新卒大学生などの一般登用枠だった。

これにはふたつの理由があると考えられる。第一にリーマンショックを契機とした圧倒的不況の到来。派遣切り、雇い止め、ネットカフェ難民などの困窮層《こんきゅうそう》が積極的に集金部隊に取り込まれた。大変レアケースながらも、その中からプレイヤーに成り上がったという取材対象者もいた。

第二に、それまでの振り込め詐欺の代表的シナリオである親族成り済まし(オレオレ)や架空請求・融資保証金詐欺などに加えて、未公開株詐欺・社債詐欺などの金融系振り込め詐欺が台頭したことだ。現場で「一発系」と言われるオレオレ詐欺は、まさに劇場型架電でその日のうちに奪える額を一発で奪うのに対し、金融系振り込め詐欺では実際に架空の投資を促す印刷物やホームページを作成したり、場合によってはきちんと法人を登記(当然元はペーパーカンパニー)して口座を作ったりと、より長期で稼働する店舗と、より高度なプレイヤー教育が必要となる。

社会人経験者や大卒者はこうした現場で求められる予備知識を持っているし、中には実際に元証券系企業に勤めていた人材がドロップアウトして参入するケースや、ハニートラップを仕掛けられて半強制的に詐欺組織に取り込まれ、プレイン化するケースも聞き及んだ。

これが、詐欺店舗を構成する人材の、基本的な変遷だ。だがここで注目すべきなのは、こうした人材のほとんどに、前章に記述した「大義名分」が、見事なまでにぴったりとフィットしたことだろう。いくつかの取材ケースから、詐欺という仕事に傾倒するその心情を読み解いてみたい。

†ケース1　闇金系融資保証金詐欺プレイヤーからの転業

神部逸《かんべはしる》　1980年東京都内生まれ。幼少期は都内某団地で看護師の母親と弟と3人家族で育つ。母親の男兄弟と祖父がギャンブル狂のアル中で、母親名義で借金を重ね、子供時代から家に借金取りが押しかけたり、玄関横の洗濯機に猫の生首《なまくび》が投げ込まれるといった荒れた環境。小学校時代から窃盗・恐喝などの非行に走り、強盗致傷《ちしよう》で少年院送致となったが、出院後は少年院の中で知り合ったふたりの友達とさらに荒っぽい強盗を稼業とすることとなる。だが、派遣風俗店の売上金を強奪するなどしていた中で、この相手に反撃・拉致《らち》され、半死半生の鉄拳制裁を受けることに。
この際に仲裁してくれた仲間の叔父《おじ》にあたる現役ヤクザ幹部の紹介から、闇金業デビューすることとなったが、その後はしばらく冬の時代が続く。債務者への取り立て要員から下積みするが、債務者に情をかけてしまう甘さから成績を上げられず、融資保証金詐欺（金を融資するが、融資契約の前に保証金を積めという詐欺）の店舗に左遷。この詐欺業務である程度の成績を上げ続けるが、やはり闇金界隈の仕事がどうしても肌に合わずに、気に病み続けることとなる。その後、少年院時代の友人（ひとりは闇金店長・もうひとりはヤクザの若い衆になっていた）とともに、縁故を頼ってオレオレ詐欺の店舗にプレイヤーとして参入。ここで4本プレイヤー（年収4000万達成）となり、3年余りで番頭昇格、さらに金主格に昇りつめた。

神部君の生い立ち、どのようにして詐欺の番頭、そして金主格にまで昇りつめたのかに関しては、拙著『振り込め犯罪結社』（宝島社）に、彼と友人らの青春群像を描いたが、彼は詐欺プレイヤーの典型である闇金出身者の中でも、少し珍しいタイプだ。

「金貸しからS稼業に入った人間の多くは、金貸しで稼いだ金を運用するためっていう上の方にいる人と、金貸しが稼げなくなったからSに転向っていうのの2タイプあるんです。手段どうこうじゃなく『金稼ぐことに正義がある』って人間が多くて、生い立ちはやっぱ貧乏人の家で育った奴がほとんどなんですけどね。子供の頃にバカにした奴を見返してやるとか、高校大学にフツーに通えた奴と『同じ年齢で10倍稼げるようになってやる』とか、そういう奴にとっての貸金業ってのは、ある意味リベンジですからね。ホストとかでも似たような奴、結構見ますけど。

その点、俺の場合はとにかく金貸しが性《しょう》に合ってなかったってことに尽きますよね。ほんと俺は金貸し時代は箸《はし》にも棒にもひっかかんなくって、金返せってつめて、泣かれた時点でそれ以上鬼になれない。母親が街金《まちきん》の人間に泣きながら土下座してるところとか見て育ってるんで、割り切れないんですよ。切り取りでつめらんない金貸しなんか屑《くず》だから融資保証金詐欺の方に飛ばされたけど、こっちは稼げたけど腐りましたね。結局、金のない奴から金取るんは、商売として極悪じゃないですか。だから俺なんかは一発（オレオレ詐欺）やるようになって、妙にスカッとした。弱いもんイジメから解放されたっていうのもあるけど、やっとマトモな仕事に就けたって感覚あったんですよ」

そもそも初期の振り込め詐欺を牽引《けんいん》したのは闇金業OBだったと前述したが、ではその当時の闇金業の成り手の素性はというと、圧倒的に「非行少年上がり」が多かった。親が貧困だったり、心身への虐待《ぎゃくたい》や育児放棄があったり、薬物中毒だったり、そもそも親がガチガチの不良だったり、そんな親から分離されて児童養護施設育ちだったり……。

家庭環境に恵まれない少年らが非行に走り、同じ痛みを抱えた仲間と徒党を組み、地元暴走族などに回収され、その後は地場のヤクザや建築土木など現場職、性風俗業などの都市型現場職に回収されていく。そんなお定まりの「昭和的不良像」は90年代の日本でも変わらずに存在した景色だ。その「受け皿」のひとつとして、90年代末に台頭したのが、闇金業だったという構図がある。

そこにはどんな心理が働いていたのか？　90年代末から03年の詐欺萌芽《ほうが》の時代に闇金業の現場プレイヤーとして働いた世代には、「バブル時代の記憶」がある。そこに自然発生していたのは、経済的に豊かな「同世代」に対する経済的ルサンチマンだ。

「コンプレックスはかなりあるんですよ。俺らが育ったのはクソ貧乏な団地でしたけど、俺らの世代には『金持ちで不良』って奴がかなりいたんですよ。東京限定かもしれないけど、渋谷に集まってるチーマー連中とか、結構いい高校行ってる奴がかなりいたんですよね。俺らからするとかなりズレてる感じがして、高い金払って学校行ける奴が、なにカツアゲとかやってんだよ。小遣い貰ってんなら家でデカいテレビでゲームでもやってろよって、当時はそう思って俺ら地味に強盗やってましたから。『関東連合《かんとうれんごう》』の人とかが渋谷でチーマー狩ったりとかは、異常にテンション上がって、俺らも混じるか！　みたいなノリだった。まあ、これだけだと貧乏人のヒガミだけど、闇金やってた同世代の中には、そういうコンプレックスから『絶対25歳までにタワーマンションの上3分の1に住んでやる！』みたいな奴が一杯いたのは確かなんです。そのテンションには俺も共感できた。それでもなんか稼業として金貸しはスッキリしねぇなって俺なんかは、Sやるようになってようやく『正しい敵が見えた』って感じがしたんですよね」

そんな神部君だけに、詐欺プレイヤーになってからは弾《はじ》けたようにとてつもない売り上げを出した。番頭格に上がった後は本来御法度とされている「番頭によるプレイヤー研修」（脱落する人間がいる可能性がある以上、番頭とプレイヤー候補を接触させるのはリスクと見なされる）を頻繁に行い、「金を抱え込んだ高齢者から小銭を奪うのは最悪の犯罪じゃない」の大義名分をプレイヤーたちに植え付けていった張本人だ。

振り込め詐欺勃興期からの生き字引的な神部君の言葉からは、振り込め詐欺＝「老人喰い」は、いつの時代も存在する「豊かな同世代に対する経済的ルサンチマン」を抱える貧しい若者を取り込み、それを「社会の上層で金を溜め込む高齢者に対する経済的ルサンチマン」にシフトさせたという構図が読んで取れる。

†ケース2 ブラックじゃない営業職があれば教えてほしい

山野良《やまのりよう》　1990年静岡県生まれ、ひとりっ子。小学校時代は地元少年サッカーチームのエースストライカーだったが、中学で両親が離婚したことで家庭の経済状況が悪化。離婚の原因は母親の父親に対する精神的逆DVで、父親が失職後に就職活動をせずに母親に養ってもらっていたことが発端。母親は親権放棄。父親とふたり暮らしになり、父親は新聞配達員をはじめるが、経済状況は改善せず中学1年3学期からレギュラーの座を勝ち取っていたサッカーの道も断念することになる。

その後は地元定時制高校に進学するが、父親がまた無職になったのを切っ掛けに中退し、地元の先輩の縁故で建築解体業を3年経験。さらにダイレクトマーケティング系（飛び込みやテレアポ営業）の営業会社で営業職を経験する。

この会社は出勤時に毎朝スクワットのノルマがある超体育会系ブラック企業だった。

商材は健康食品や美容用品が中心で、典型的悪徳テレアポ業者。元々生粋《きっすい》の体育会系男子のためにこの会社には馴染《なじ》んだが、この会社のマネージャーからの紹介で投資系振り込め詐欺の店舗プレイヤーにデビュー。初月で売り上げ2000万円の記録を打ち立てた。

元々アスリート気質で、しかも団体競技をやっていた山野君は、いわば生粋の詐欺プレイヤーであり、詐欺店舗の研修なども「楽にクリアできた」と豪語する。実際に詐欺の店舗には少年時代にスポーツで鳴らした人間が少なからずいるのは、その体育会系気質がフィットするのと同時に、子供がスポーツを続けることは親にとって大きな経済負担で、低所得世帯では不本意な引退を経験しているケースが少なからずあること。また、競技に青春を費やしてもよほどショー性の高いプロスポーツでなければ職業選手として生活することが難しく、引退後の人生と選手時代の輝きのギャップが大きいことなどが関係しているのかもしれない(14年には水泳でインターハイ出場した経験のある25歳の元アスリートが逮捕された事案などもあった)。

そんな山野君は、彼を詐欺の世界に送り込んだ営業会社のマネージャーに感謝しているという。

「マネージャーってもその先輩はいわゆる半グレです。中卒でいきなり営業会社に入って鍛え抜いた人ですけど、中学時代の同級生とか友達はヤクザとか半グレで名前知れてる人が多い。営業会社ってブラック企業扱いされることが多いですけど、それは、叩かれて消耗戦の中で勝ち残れない人間を営業職に残しておくほど世界は甘くないってことです。甘いんですよ、営業はそもそもブラックでしょ？　一般企業の営業部でそれをやったら大問題になるから、あえて元々営業職にあるブラックな部分を、営業会社にアウトソーシングするわけですよね？　だったら営業会社がブラックなのは、当たり前すぎで欠伸《あくび》でますね。

僕はこういう会社から脱落して被害者面してネットで『入った会社がブラック企業すぎでマジワロタ』みたいにほざいてる屑《くず》が、クソ大嫌いなんですよ。あのね、同世代が屑すぎんですよ。文句しか言わねえし。まだ『昔の会社はそれが当たり前だった』って飲み屋でほざいてる営業職のオヤジのほうが、マシでしょ？　でも詐欺の箱で文句なんか言うやつはタコ（殴り）ですからね。スッキリしてて気持ちいいじゃないですか」

山野君が詐欺のプレイヤー稼業に惹き付けられるのは、この「営業畑での勝者の理論」

が徹底していて、そこに不純物がないということだ。そして同じ店舗の中に、ヤル気のない人間やそもそも適性のない人間がいないことも、モチベーションを上げるという。

「Sの営業はモチベ上がることしかないですよ。まず、営業をプロでやる以上、商材が魅力的なのは大事なことです。営業のプロで自信があるなら、魅力ある商材を扱う現場で働きたいと思うし、そこに行くのはキャリアアップですからね。Sのターゲットが高齢者なのは、マーケティング的に当然だし、Sは商材をいくらでも魅力的にできる。だって商材が架空だからですよ。詐欺じゃなくても、いま世の中のほとんどの企業が、どうやって高齢者の持ってる金を切り取るかを目的にしてますが、現場の営業からすれば、商材が実在か架空かなんか、全く関係ありませんからね。すげーシンプルで純粋で、迷うことがない」

この山野君から聞いて驚いたのは、彼の在籍していた営業会社が、「扱う商材が現物なのか詐欺なのか」の違い以外、あまりにも共通点が多すぎるということだ。いわば詐欺店舗とは、「勝者しかいないブラック営業会社」ということなのか。いやむしろ、こうしたブラック企業に「正当な報酬」を加えたのが、詐欺店舗と見る方がよいのかもしれない。山野君にとっては詐欺店舗のプレイヤーは天職だった。

「もちろん、逮捕されるリスクは考えてますが、もってかれて5年か8年ですよね。これはうちの番頭の人間の受け売りですけど、万が一8年食らっても、娑婆《しゃば》で一般職で8年働いて残る金よりも遥かに多く残しておけばいいだろって、そういう考えなんです。元の営業会社で働いてて、俺は結構稼げてたけど、それなりにいいとこ住んでそれなりに遊びに溶かしてたから、年に50万円残るかなってぐらいでした。そのまま平でやって、その会社が8年生き残る会社だったとして——まあ残らないでしょうけどね——計算して俺はバカバカしくなったんですよ。営業会社で死ぬほど頑張って、他のやつより稼いでるって自信あったけど、しょせん8年で400万円。

8年ブタ箱ん中にいて失う時間に値段はつけられないかもしれないけど、少なくともその10倍で4本（4000万）残して捕まる分には、俺は勝ちだと思ってます。Sは店舗の人間が絶対捕まらないっていうけど、この先までどうだかは分からないです。だから俺は4本貯めてそれを逮捕されても見つからないところにきちんと隠して、それから捕まろうと思ってます。逆に言ったら、4本貯めた時点で、それが俺の引退だと思ってます」

詐欺稼業で4000万円を貯めた後は「ブラック営業会社の経営かコーチでもやりますかね」と山野君は言う。

ケース3　大学は詐欺じゃないんですか？

杜洋介《もりようすけ》　1991年生まれ、南関東某県にて母と姉ふたりの4人家族で幼少期を過ごす。特に目立つやつじゃなかったし目立つのが嫌いな子供だったと言う。上の姉は看護師になり結婚、下の姉は大学を中退して介護士に。杜君だけが比較的勉強が好きだったために、中学受験をして一貫校に進学。ただし、さほど高偏差値の学校ではなかった。母子家庭なのは幼少期に母親が離婚したからで、母親の仕事は病院勤務の薬剤師だったが、杜君が高校3年生の時点で大病を患《わずら》って2カ月入院。その後杜君は県外の理系の大学（通信系学部）に進学してひとり暮らしをはじめるも、当時は薬学部進学を希望していたので落胆していた。

在学中、母の住む実家マンションに行ったところ、ポストの中に投函されていた書類を見てマンション家賃と管理費、組合費をかなりの長期間滞納していることを知ってしまう。この時点で母親と話し、多額のローンがあることや、病気後に調剤薬局に転職した時点で所得が半分近くにまで減って求職活動中ということを知る。ふたりの姉と母は反《そ》りが合わずにほぼ絶縁状態で、祖父祖母は若くして他界のため、杜君が大学を中退して働くと申し出るも、母親の強い希望で卒業まで頑張ることに。

ところが、就職活動は理系学部だというのに、ネットエントリーで見事に数十社から「お祈りメール」が届くこととなった。4年在学中に出会い系サイトのシステム関係のバイトをした人脈で、卒業直後に架空請求系詐欺の営業員になり、現オレオレ詐欺店舗スポットプレイヤー（都合が合う時に参戦するプレイヤー）。


前章で言う「ノービス枠」から研修を受けて詐欺の現場に入った杜君だが、はじめの印象は「ブラックだな」だった。

「詐欺の箱ん中だと、俺はかなり浮いた存在だと思う。異分子っていうか、雰囲気が違うっていうか、みんな入ってきた経緯は色々あるんだけど、やっぱ詐欺はヤカラ（不良）の仕事だなって。大卒プレイヤーが詐欺の箱にいるって話は結構ありますけど、普通は大卒プレイヤーは大卒プレイヤーで固めた店舗なんで、俺みたいにいきなりレオ（オレオレ詐欺）の店舗に入る大卒ってやっぱ珍しい。

で他はどういう奴かっていうと、目つきも違うし、やっぱ仕事で暴力受けるとか普通の経験じゃないですから。特にそれはK（架空請求）からレオに移って感じたことなんですけど、ギラつき感がハンパないんですよ。それで最初、俺は少し勘違いしてて、やっぱヤンキー馬鹿だなって思ってた。実際、信じられない奴いますからね、例えば『ウィンドウズって何？』って聞いてくる奴とか。俺と同い年ぐらいですよ？　マジ日本で生まれ育った人間かよお前って、思いますよフツーは」

だがそんな杜君もまた、詐欺プレイヤーたちのフツーじゃない圧倒的モチベーションという猛毒に当てられた。店舗稼働から数週間で、他のプレイヤーに尊敬の目を向けるようになったのだという。

「まず、『やっぱ詐欺はレオだな』って言われてる意味が分かりました。当然アガリ（収益）も違うんだけど、もしもし（架電業務）の集中力が違う。みんなスゲー努力家だし、まずサボるってことしない。あと、うちの店舗は2週にいっぺん事務所引っ越すんですよ。その都度、研修というかセミナーみたいのが軽くあって、ここで稼いだ金で何をしたいとか、5年後とか10年後に何をしてたいかってそれぞれ発表するようなことがあるんです。けど、そこで働いてる奴はみんな具体的なんですよ。具体的で、それに向かって準備してる奴とかもいるんです。少なくとも俺が中高大学時代に、こんなブレてない奴はいなかった。なんとなく、何の仕事に就いてどのぐらい稼ぎたいかぐらいですよね、普通は。俺自身も、母親の借金返す他は特に考えてなくて、この稼業上がったら中途採用とかユルいこと考えてて。それで、こいつら俺より全然スゲーやつなんじゃないのかって思った」

杜君の所属したオレオレ詐欺の店舗では、前章のダミー研修で「詐欺は最悪の犯罪か？他に最悪の犯罪はないのか？」という問いかけを、店舗の稼働中に行った。その際に考えたことが、いまの杜君の精神的支柱になっているという。

「俺はよくよく考えて、大学というか、高校も含めて学校ってもんが日本で最悪の詐欺だって思ったんです。もちろん大学があって教育を受けた人間が日本を支えてるっていうのは分かるんだけど。でも例えば、元々俺は薬学部志望だったんですけど、薬学部って6年制になって、親が全部払うと生活費なんか込みで2000万ぐらいかかるんですよ。もちろんそこそこ収入はあるけど、何年で元が取れるんだよって。

薬学ならまだしも、文系学部とかFラン（Fランク大学＝底辺大学）とか、限りなく詐欺じゃないですか。高い金払わせて『なんとなくキャンパスライフ』って夢みたいなものを売って、そんで卒業しても元取れるような仕事がなくてですよ。『大卒者は仕事を選んでる』って言う奴もいますけど、それこそふざけんなって思う。大学にかけた学費と時間があるから、その割に合わない仕事は選べないのは当たり前だろ。

俺は母親の借金知るまで、自分の家で貧乏だなって思ったことなんか一度もないっつうユルい人間だったけど、そもそも日本の大学に子供通わせて卒業させる必要があるのって、全体のナンパーなんすかね？　大学の学費を親が全額負担ってのも先進国じゃ日本ぐらいなわけで、でもそれが無償化したとしても、やっぱ詐欺に近いものを俺なんか感じちゃうんです。文系なんか営業職選べば結構就職率いいって言うじゃないですか？　だったら必要なのは、学力よりコミュ力で、高校なんか技術系の高専（高等専門学校）とコミュ力養成スクールがあれば、日本の大半は回っちゃうんじゃないかって。俺は失敗した。それを取り戻すんだって思ってます、この仕事で」

非常に極論だが、杜君の言葉には強い説得力と正論があった。そして彼への取材で、僕は数年前に行ったひとつの取材を思い出した。実は取材活動の中で、「大卒裏稼業人」が増えてきたというテーマの取材が入るようになったのは、リーマンショック前後のこと。その頃僕は、ある「大卒後即闇金就職」という青年に、説教を食らったことがあった。その言葉はこんなものだ。

「鈴木さんは、大学に行ってる奴はみんな親が裕福だとか思ってませんか？　俺の大学は頭相当悪かったですけど、親が借金して子供大学に入れてる奴が一杯いるんですよ。それで、みんな卒業したら親に金を返していくんですよ。学費だけじゃなく、仕送りとかも含めて返していくんです。就職浪人とか、卒業後にニートやれる奴ばかりじゃないんです」

この言葉は、僕が当時執筆した書籍の中で書いた、極度の貧困家庭に育った不良少年の言葉「高校行ってて不良とか意味が分からない」というものを受けての言葉だった（彼は僕の本の読者だった）。彼は学生時代の生活費を「学生金融」から借りて債務を焦げ付かせた結果、この小規模消費者金融業者の「裏部門」であった闇金で働いて返すようにリクルートされたという経緯をもつ。

杜君はオレオレ詐欺の店舗に入って数カ月で、母親の抱えていた借金を返済したが、その後もスポットプレイヤー（声がかかった時に参加する）として店舗関係者とつながりを断っていない。

「俺はプレイヤーとしては三流なんで、他の奴に比べたら大して稼げないんですけど、詐欺の世界知って思ったのは、『世の中金だ』ってことです。金じゃないって奴は、金のために自分の将来諦《あきら》めたことがないか、はなから将来なんか考えないで、身近なところで満足してるやつっすよ。ビビリなんで引き時はそれなりに早いと思いますけど、怖いのと将来やりたいことと天秤《てんびん》で、一番いいところで上がりたい。逮捕はないって信じてます。捕まったら母親が泣きますから」

ケース4 圧倒的貧困地域に生まれて

筑紫大駕《ちくしたいが》　1992年、南日本某県山間部出身。近畿某県大都市部で在日米軍兵士と日本人の母親のひとり息子として生まれ、小学校時代に両親が離婚したことで母親の地元である某県山間部に移住。祖母のもつ敷地内にあったあばら屋に住むが、大雨が降ると「家の中に雨が降る」（壁に大きな穴が空いているため）というほどの朽《く》ちぶりだった。

非常に「不良文化」の発達した地元で、小学校時代から同級生のタバコ農家の商品を盗んで喫煙したり、路上においてある原付バイクを盗んで走り回るなどするが、そもそも人口が非常に少ない山村だったために原付には鍵《かぎ》もかかっていないし、盗んでも近所に置いておけば許されるというユルい土地柄。ただし地元の不良社会は非常に上下関係が厳しい場所で、中学校時代も地元の先輩の許諾がなければ改造した原付に乗ることもできない。

中学卒業後にこの地元不良社会の閉塞感がいやで、現金10万円を持って付近の中核都市に出奔《しゅっぽん》。この土地で知り合った同年代の不良仲間とともに性風俗のスカウト業をはじめ、地元山村で最も勢いのあった仲間も呼び寄せた。この時に面倒を見ていたヤクザの仲介で、黎明期の未公開株詐欺組織の集金部隊としてダシ子を経験。逮捕・不起訴の経験を経て、上京してオレオレ系振り込め詐欺のプレイヤーとしてデビューする。

詐欺の現場を回すプレイヤーや周辺者に「地方出身者のグループ」が増えてきたと聞いたのは、13年頃のこと。集金部隊、そして店舗プレイヤーにも、Fグループ（東京近郊）、Aグループ（神奈川郊外）、Kグループ（南日本）、Iグループ（離島系）などと地名のつくグループの話が、業界の人々から漏れ聞かれるようになった。

それまで店舗の中核を成すプレイヤーの多くが都内出身か近郊出身者で、地方出身者はいても集金部隊の要員という印象があった。闇金出身から都市圏半グレの後輩、一般職経験者や大卒プレイヤーの参入、そして振り込め詐欺萌芽より10年の時点で台頭してきたのが、この地方出身勢力だ。

筑紫君は、そうして聞かれるようになった内のひとつ、Kグループのメンバーだった。驚くのは彼の語る、その「地元」の描写だ。

「もう近所全員がクソ貧乏だし、凄く狭いんですよ。金持ちなんか、ほとんど見たことがない。いたとしても、地元で代々商売やってる店とかですか。地元全体が貧乏すぎて人も少ないと、どうなるか分かります？　台風とかちょっとした嵐が来たら、まず100パー停電しますよね。それで何時間も復旧しない。下手すっと半日は戻んないです。それが分かってるから、地元に1個しかないコンビニとか、台風前になると地元の人間が物買い占めちゃうんで、食べ物とか棚《たな》に全然置いてなくて、ガラガラになるんですよ。で、電気が来ないってことは、警備とか監視カメラも動かないってことだから、俺らは何回か台風の時にコンビニに盗みに入りましたよ。金は置いてあるんです。まあ、何度かやったら金庫に移すようになっちゃいましたけど」

想像もつかないが、筑紫君が育ったH町は、そういうところだった。地場の産業は衰退ではなく、元々栄えていたことがない。農業と畜産業が主要産業とは言えるが、特産化しているわけでもない。当然過疎と高齢化が進んだ結果、いわゆる限界集落化しそうなものだが、付近と中核都市を結ぶ国道へのアクセス自体は悪くない（とはいえ中核都市へは相当な距離があるが）ために、子供を育てる世帯も少なからず残っている。非常に急峻《きゅうしゅん》な傾斜のある土地のために宅地開発なども本当に小規模のものしかされず、その一方でなぜか町内には古い公営住宅もある。調べるとこれは昭和中期に建てられたもので、この地域の林業や小規模の水力発電所に従事する人々のために作ったものらしい。

昨今の日本の地方の風景は、どこも似通ってきているといわれているが、H町には大型スーパーや古本屋やリサイクルショップがひとつの大きな敷地に集まるロードサイド商業施設もなければ、イオンモールもないし、パチスロすらない。やはり、想像もつかない。

「それでも老人が凄いんですよ、俺の地元は。生活保護とか受けてる老人もいるけど、あれは順番ですよね。H町が貧乏なんで、保護ください って言う人の面倒みんな見てられないみたいで、順番。それで保護受けてた年寄りが死ぬと、次の年寄りみたいな。

でもそうじゃなくて老人が凄いのは、仕事はなくてもそこそこみんな食えちゃってること。どういうことかと言うと、老人は自分ちの裏とか山んなかとか人んちの土地でも耕して、食うもんなんかはだいたい自分で作るんですよ。だからジジイでもババアでもめちゃ腕太くてマッチョで、怖い。俺のバアちゃんなんかは特別怖い。

俺ら子供の頃、夏とか他人の畑のもの勝手に取って、山ん中で火ぃ起こして食っちゃうんですよ。そうしたらバアちゃんが鎌《かま》もって襲ってきて、全員背負い投げですからね。固い地面の上に投げられて息ができなくなるし。そんで『なんだオメーら腹減ってんならそう言え』って言って、山ん中にザクザク入って行っちゃう。何してくると思います? ウサギとか、『獣《けもの》』捕ってくるんですよ。それで俺らは、それをさばいて焼いて食うと」

上記のプロフィールは、誤植ではない。彼は1992年生まれの日本人だ。こんな地域が日本に存在することが驚きだが、もっと驚いたのは現在詐欺に関与する筑紫君やその友人の祖父母のプロフィールだ。地域の子供たちを背負い投げで殲滅《せんめつ》し、獣を狩ってくる祖母は、元を辿れば第二次世界大戦時の「戦災孤児《こじ》」だったという。それがどのような道筋でH町に辿り着いたのか分からないが、相当な苦労と紆余曲折を感じる。

一方で筑紫君の親友として現在も同じ詐欺店舗に関わるK君の祖父は「山賊《さんぞく》」だった。付近の街道を通る人間を襲って生活していたというのだ。もはやわけが分からない。

「子供時代は金はなかったけど、そこそこまあ楽しかったです。中学に入ったらすぐに隣町の中学とかに片っ端からカチ込みかけて『一番強い奴と喧嘩させろ』って。なぜか俺らの地元は武道だけはガキの頃から教え込まれてるんで、自信あるんですよ。それであちこちの中学で同じことやって、そうすると不良の上の先輩が出てくるじゃないですか。そこで繋がりができて、でも地元はずっと大昔からそんな感じの場所なんで、歴代ずっと上まで同じようなメチャメチャな先輩たちがゴロゴロしてるんですよ」

原付バイクに乗るにも先輩の許可が必要なのは前述したが、筑紫君の地元には「先輩の言うことは天の声」という言い伝えがあり、絶対服従だし頻繁にヤキを入れられる。そんな地元に育つ中、中学卒業時に筑紫君は一大決心をしたのだと言う。

「友達と話してて、お前ら卒業後どうする？　って。親に金がある奴は高校だけど、俺らにその選択肢はないし、そうしたら同じH町の友達が『俺ら、あんな親のとこに生まれて、H町で育って、この勢いでやるならヤクザ以外に何があるんだよ』って言うんですよ。じゃなきゃ地元で就職して、やっぱ貧乏暮らしなんじゃないって。まあ貧乏でも地元のツレがいるし、町（中核都市）の方に出て働く方が面白くないんじゃねーかとか、そんな話してて。それあれですよ『マイルドヤンキー』ですよ。俺はそんなの嫌だったんで、ガソリンスタンドのレジ襲って稼いだ10万円持って、県内で一番デカいF市に出てきたわけです」

その地で新たな不良人脈を作り、仕事（性風俗のスカウト業）が見つかると、即地元の仲間を数名呼び寄せて仕事を振るように。だが目立って稼ぐようになると、今度はF市の地場のヤクザから「組員になれよ」と圧力がかかる。それもまた嫌で、別のヤクザの仲介で未公開株詐欺のダシ子要員として関東地方へ来た。そこで筑紫君たちはH町出身ならではの衝撃を受けたのだという。

「驚いたのは、東京のアウトローはヌルいんですよ。俺らダシ子やれって言われて、それって逮捕要員ですよね。当然何回かやった時点で連続で捕まって、結局不起訴だったんですけど、俺らそのあとすぐに上の人間のところに行ったんです。それで『次の仕事下さい』って言ったんですよ。そうしたら『お前らダシで1発捕まって、まだやるの？　普通は1発で辞めない？』って驚かれて、意味分かんねえなって。でも東京人の感覚だとそうなんですよね。俺ら使い捨てになる気はないんで、もっと上の仕事もやらせて下さいって、それでプレイヤーデビューです。研修とかはなく、動いてる店舗の中に入ってすべてを暗記してこいってやつです」

そもそも腹の据《す》わり方が違うということか。詐欺店舗の「上には絶対服従」のノリは「先輩の声は天の声」で育ってきた筑紫君たちにとって「こんなの全然服従じゃないし全然耐えられる」わけで、プレイヤーとしてもあっという間に大きなアガリを出すようになった。

となれば、今度は地元H町への還元である。同世代でも後輩でも、ヤル気のある人間は交通費を払って上京させ、アパートを借りてやって住まわせ、モチベーションの高い人間には詐欺のプレイヤー教育、1発稼いで地元に戻りたいという人間には集金の仕事を振り、筑紫君たちはその稼ぎから何%かのバックを貰う形ができあがった。これがKグループの成り立ちであり、いわば彼らは詐欺人材の派遣会社を作ったことになる。

「他の地方出身のグループとも一部は交流あるんですけど、だいたい似たような感じで生きてきた奴らばっかりで、笑ったのはそいつらの地元でも『先輩の声は天の声』って言い伝えがあるらしい。地元からモチベ高い人間もってこれる時点で、上の方も俺らには利用価値があるって考えてるんだろうけど、誰から奪うならいいとか、そういうのは俺らにはあんまり関係ないんですよ。金がある奴から取るだけだし、東京の不良は『殺人以外なんでもやる』とか言いますけど、俺らからすると笑い話で、金のためなら殺しだってやりますよ。やらずに地元にいたら、中途半端に地元に戻ったら、一生貧乏人か食えないヤクザで決定ですからね。どんな頑張ったって、俺らの地元でカタギの商売じゃ、食ってくギリギリでしかないんで。かといって、地元離れてカタギの商売じゃもっと食えないですよね、家賃もあるし。結局裏しかないなら、灰色もド真っ黒も同じですよ。だったら俺らはとことん黒で行く。それだけの話です」

筑紫君は、育ったエリアの話も一般的な日本の風景とかけ離れているし、そのモチベーションは裏稼業人というより「不良外国人」の言葉に近い。

ここで考えたいのは、筑紫君たちと、彼らがいま金を奪っている高資産の高齢者との、強烈な距離感だ。筑紫君たちが持っている感情は、まるで近世ヨーロッパの市民革命における、農民や都市市民と城壁の中に暮らす貴族の距離感に近い。筑紫君らにとって高資産の高齢者とは、あまりにも階層が分断していて、想像もつかない存在。筑紫君は「自宅に何億円か持ってるのが分かる老人がいるなら、俺らは殺して家燃やしてでもそれ取るでしょうね」と恐ろしいことを言う一方で、地元の仲間への面倒見や後輩への気遣いは非常に細《こま》やかで、情に厚く裏切りを絶対にしない。彼らにとって金を溜め込んだ高齢者とは、あまりに遠くて「人間ですらない」のだ。

彼らは日本の格差社会、というより「固定された階層社会」の申し子だ。

†4人のケースから見えるもの

いかがだろうか。これが詐欺の現場に生きる若者たちの素性だ。

プレイヤー全体の構成としては、神部君や筑紫君のようなタイプが多いが、あとの2例はモチベーションの特異さを紹介するために掲載した。少なくともそこに良家のお子様はいらっしゃらないが、かといって彼らは低い遵法《じゅんぽう》意識で遊び半分で詐欺に手を染めるアウトローというわけでもない。

直接接触し、聞き取りの中で共通して感じたのは、まず彼らに経済的なルサンチマンがあるということ。だがこれはほとんどの犯罪に手を染める者の共通点だろう。それよりも強く感じたのが、彼らが同じ世代の一般人と比較して、非常に大人びていて、人間として成熟していること。そしていくら詐欺の現場で教育されてきたからと言っても「高すぎる・熱すぎる」と思えるようなモチベーションの持ち主だということだ。

前者の精神年齢については、特に(ケース1)の神部君や(ケース4)の筑紫君のような、生粋の非行少年上がりのプレイヤーに対して感じたことだ。明らかに彼らは同世代の一般人に比べて、また詐欺稼業以外の世界で生きる不良に比較しても、圧倒的に落ち着いていて、ものをよく考え、行動の前に熟考する習慣付けができていて、若さゆえの衝動的な側面が少ない。さらに詐欺という一般的には非人道的で極悪な犯罪に手を染めている反面で、非常に仲間思いで、利益の前に情で動くような選択もする。

筑紫君に至っては、後輩を育てるのが趣味になっているだけでなく、プレイヤーとして最も稼いでいる時期は実家の母親に毎月120万円を送金し、「獣を狩る」バアちゃんを東京に呼び寄せて観光に連れ回ったりしているという。

詐欺の店舗というのは、それほどに人を育てるということか。これが常に緊張を強いられる現場を潜《くぐ》り抜けてきたということなのだろうか。彼らはその言葉尻や表情のヤンチャさとは裏腹に、老成しているとも言えるようなパーソナリティを持っていた。

一方でその高すぎるモチベーションについて、彼らから感じたのは「同世代の中での異《い》端《たん》」だ。昨今、マイルドヤンキー的なパーソナリティが育っているのは何も地方部だけでなく、都市部の大学生などに触れていても、とにかく上昇志向はなくても将来に展望はなくても、現状維持と仲間との生活の中に満足を見いだすという傾向は強く感じている。いわゆる「悟り世代」だが、そんな世代の中で、彼らは詐欺店舗に入る前の段階で、すでに異端と言えるモチベーションの高さを示していたようにみえた。

彼らは、緩い縛りの中では集団行動もできないだろう。現状維持のまったりしたコミュニティの中では「なんであいつそんなギラついてんの?」「痛いやつ」と言われて浮いてしまいかねないパーソナリティだ。そんな彼らだからこそ、詐欺店舗という圧倒的な規律と上昇志向の集団の中に、強い「居場所感」を見つけているように見えたのだ。

実に、もったいない。

これが率直な感想だ。彼らはおそらく、戦後の高度成長期に日本の「モーレツ会社員」

の中に入っていれば、とてつもない成績を収めたはずの人材だったと思う。本当に優秀で強い信念と行動力をもった若者たちで、まさに研《と》ぎすまされた剣のような男たちだ。

けれど、彼らは異端なのだ。現代の表の稼業の中では、いくら頑張ったところで、いくら他を振り払うような勢いで突っ走ったところで、それに見合う報酬も将来も約束されない。現状維持型モチベーションの同世代コミュニティの中では「お前だけ足並み乱してるよ」といって疎外されてしまう。腐ってしまいがちな彼らにとって、詐欺店舗は輝いてみえたのではないか。

この閉塞感や孤独感を、詐欺店舗という異様な集団は大きく満たしてくれる。いや、むしろこれは、詐欺組織が高度に洗練されていく中で、最も優秀なプレイヤーを育て囲い込む方法を模索した結果なのかもしれない。

第5章

老人喰いを生んだのは誰か

――日本社会の闇のゆくえ

†老人喰いはダークヒーローなのか

この歪《ゆが》みまくった日本の階層化社会の中で、彼ら老人喰いの若者たちは必然的に生まれた。そこにはいわば「闇《やみ》の再配分」といった位置づけがあり、彼ら自身がそれを大義名分として掲げている。その言葉の中に明らかな正論があるからこそ、そこには爽快感すら感じるものがあった。

だがはたして彼らは現代のダークヒーローなのか？　詐欺店舗を経験した彼らはその稼業を抜けて、（裏の）経済の若き先導者となっていくのか？

決してそうでもないところに、老人喰いがあくまで「裏」稼業ゆえの、闇がある。

特殊詐欺犯罪が日本を席巻するようになって10年、２０１３年を前後して、詐欺業界には大きな変化が訪れた。

再び物語描写に戻って、何が起こったのかを見ていこう。最後の物語もまた、「加藤《かとう》グループ」の詐欺店舗。新たなる店長格として昇格した23歳の青年、来栖《くるす》君はどうなったのだろうか。前代未聞の6店舗同時開業というプロジェクトは、3番手の副番頭として昇格した毒川《どくがわ》は、はたしてどうなったのか。

詐欺業界でも異例の新規6店舗同時スタートを切っ掛けに平《ひら》プレイヤーから店長格に昇格した来栖君だったが、店舗稼働5日目で早くも疲弊《ひへい》し切っていた。

直属の上司はこれまで通り毒川さんだが、毒川さんは店舗を離れて3番手（副番頭）として加藤番頭の下につき、3店舗を統括。来栖君に与えられたインフラは、事務所と一般登用3人、経験者5人の8プレイヤー、400件の名簿と、トバシ回線環境だ。これを使い、1カ月稼働の短期店舗で目標1億2000万円の売り上げを言い渡されている。だが、そもそもこの設定自体が異例なのだ。現場のベテランプレイヤーたちにも、早くも不平の雰囲気が広がりはじめていた。

事務所の閉業後、「ちょっとまずいっすね」と語りかけてきたのは、来栖君より少し年上のプレイヤー・進藤《しんどう》君。プレイヤー歴1年の中堅選手だ。つい先日まではタメ口だったが、来栖君が店長に上がってからは敬語を使うようになっている。

「そうだな。そもそも、名簿少なすぎるよ。ペース上げてやったら、400件なんてそれこそ1週間もかかんねぇもんな」

来栖君が頭を抱えるのも仕方はなかった。通常、詐欺の架電といっても、相手が在宅中とは限らないわけだが、詐欺と疑われた場合にはかなり早い段階で電話を切られるわけで、架電業務自体はさほど時間のかかるものではない。

事務所を使える期間中、フルに架電業務しようとすれば、3チームで名簿2000件あってても足りないことがあるのに、それが400件しかないのだ。しかも、ノルマ設定つきときた。

「事務所たたむ期日云々《うんぬん》とかじゃなく、とにかくこの名簿に自信があるってことですかね。確かに、生《なま》の名簿使ってる感じとは相当リアクション違う感じするんですよ。バグってる奴多いし、確実に金もってる感じだし。この名簿400件なら、1本（1億）以上いけて当然ってことなんですかね……」

「うーん……」

確かに進藤君の言う通り、この名簿は何かが違うというのは、来栖君も感じていた。実際、5日目の時点で売り上げも出ている。5日でのヒット数は7件で、総売上は1600万円。このヒット率は尋常ではない。

だがすでに名簿の既架電件数は相当な数になっていたし、ノルマはこの10倍以上だ。あっという間に名簿を使い切って「これしか上がりませんでした」なら、来栖君が店長じゃなくてもできると言われても仕方ない。

「ちょっと俺、毒川さんに相談するわ。来週から方針変えるかもしれないから、朝イチでミーティングな」

「そーしてくださいよ」

無表情に言う進藤君の顔に、来栖君の焦りがつのった。

†カスになるまで使い尽くせ

深夜。待ち合わせ場所に現れた毒川新副番頭は、意外なことにニヤニヤしていた。すでに店舗の状況は報告してある。てっきり叱責《しっせき》されるものだと思っていた来栖君は、ホッとしたような気もするし、その笑みの裏にあるものがなにかを勘ぐって不気味な気もする。

「おー。お前、飯食ったのか？」

「飯なんか喉《のど》とおんないですよ。昼から食ってないです」

「駄目だよ、食わねえと。どっかこの辺でカメラなくて夜までやってそうな店あるだろ。食いながら話そうぜ」

さすがに脇固めのしっかりした毒川副番頭。店舗稼働中は特に監視カメラを嫌って、コンビニで買い物をするだけでもマスクをするという念の入り様だ。ふたりが入ったのは、付近の個人経営の焼肉店だった。

一通りのメニューを頼むと、毒川副番頭は笑いながら問いかけてきた。

「で？　お前としてはどうするべきだと思うの？」

「まず、1発の単価か、ヒット率そのものを上げるスクリプトに変更ですかね？　いまのは三役の示談金系なんで、どんだけ頑張っても単価300以上はかなり厳しそうなんで。じゃなかったら、ヒットした奴の中でバグってて金もってる奴に絞り込んで、ひとりからウン千万単位取れるまでマックスオカワリする。なんだったら、いまの時点で7件ヒットなんで、この7件を齧《かじ》りまくってもいいです」

「ほお。それで、名簿はどうなの？」

「これは、凄いっすよ。明らかに相手のリアクション、こいつ食えるって感じするんで」

ヤル気のなさそうな店員のおばちゃんが肉を持ってくると、来栖君の声は低くなる。だが毒川副番頭は、なにやら満足げな表情だった。

「よかったわ〜。俺、お前がもし『名簿追加してくれ』って言ったら、ブン殴らんといけねえとこだった」

「まじすか」

最悪の選択肢の中にそれも考えていた来栖君は、内心胸を撫《な》で下ろす気分だ。だが続ける毒川の言葉を聞いて、再び緊張感が戻った。

「今回、ノルマ1本（1億）以上って設定したけど、あくまでこれは目標だ。ていうか、悪い。お前のこと試させてもらった。現場には言うなよ？　他所の店舗できっちり売り上げ出してるから、この店舗はお前のやり方で、お前なりにベストの成績あげてみろよ。いまのスクリプト、いままでのやり方じゃ、あと何日もしないで名簿使い切っちゃうだろ？　使い切ってから相談に来たら、それはそれで殴らせてもらったと思うけど。初めから答え教えてもお前育たないしな」

「まじすか」

この店舗は、来栖君を試すだけの店舗ということか？　まさかそれほど甘くはないだろうが、期待をされていることだけは分かって、身が引き締まる思いがした。

「で、俺の方針どう思います？」

「おおむね正解だな。いまの示談金系三役スクリプトでやるなら、バグってる奴をマックス齧るのが正解だ。実際、かなりいるだろ？」

「いますね。電話かけてから切るまでずっと『本当にすみません』しか言わないババアとかいましたしね」

「だろ？　そういうところに集中して、1カ月かけて3000万のヒット4本を目指してもいい。それも王道だよ。けどな……」

毒川副番頭の声色《こわいろ》が変わった。

「来栖、お前は本当にそれでいいのか？　せっかくこれだけの名簿あるのに、400発の内396発が無駄弾でもいいの？」

いいはずがない。これは大きな損失だ。今回の名簿は、名簿屋肝いりの1番名簿。とにかく入手した名簿は使い尽くしてカスになるまで現金化するのが、現場プレイヤーに求められること。それは来栖君にもよく分かってることだった。

黙って考え込んでいる来栖君の目の前に、ドサッとファイルが置かれた。

「それ、いままでの一発系のスクリプト集だから。それと、今回の名簿と見比べて、お前なりにベストのやり方を考えてみろ」

「名簿も？」

「おいおい、何のために名簿に評価項目があるんだよ。単にもしもしやるだけなら、生《なま》でも擦《こす》ってってもかわらねぇだろ？」

名簿には、下見屋が調査した様々な項目が書かれている。年齢、性別、住所などの基本項目に加えて、バグり度数、介護の有無、タンス預金有無と金額などなど。

肉そっちのけで資料に集中する来栖君に、毒川副番頭は満足げな視線を投げ掛けていた。

†手書きの「齧りシナリオ」

翌朝、いつも通り朝8時の定時前に揃ったプレイヤーたちは、若干不満げな顔だった。なぜならこの日は「休日出勤」。当初来栖君は、名簿の数が少ないことから週休2日の設定をしていたが、前日夜中に稼業携帯から呼び出しがかかったのだ。

だが、その前に立った来栖君の眼は、ギラギラしていた。

「今日は悪かったな！　けど、どうしてもみんなに言いたいことがあって、集まってもらった。今日からうちの箱は、方針をガラッと変える。スクリプトも班編成も変える。マジで、ガチで1億2000万目指すから」

どうやら、寝ないで資料と首っ引きになっていたようだ。その眼は充血していたが、言葉には強い意志が込められていた。その声を聞いて、プレイヤーたちにもスイッチが入ったようだ。

「スクリプト変えるって、研修どうするんですか？」

「明日、コーチに来てもらうようにお願いした。費用は俺が自腹で出すから。2日3日程度研修に費やしても、成績上がるほうに俺は賭ける」

店長が追加研修に自腹で金を出すというのは、ベテランプレイヤーたちにも聞いたことのない話だ。研修費がひとり頭2万円だとして、1日18万円、3日やれば54万円を、来栖君が出すという。その覚悟がプレイヤーたちにも伝わった。

「具体的には、まず今日から3班に分かれて別々の方針でやることにする。まず1班は、昨日までの7件ヒットの的に対して、喝《かつ》で齧りまくれ。これは研修要らねーだろ。喝って喝りまくれ」

「喝るって、被害届出てんじゃないですか？」

当然の疑問だ。だが来栖君は全員に、1枚のプリントを渡した。書かれている内容は、手書きの来栖君版「齧りシナリオ」だ。

「警察に相談が行っててもいい。別の家族騙《かた》ったスクリプト当てて、ポイントは『払わないと家燃やす、人殺す、仲間は一杯いるから警察に捕まっても必ず報復する』で行け。なんだったら、『あんたが警察に通報したおかげで逮捕者が出て困ってるから詫《わ》び料払え』でもいいよ。払える額聞いて、払えるマックス払わせろ」

メチャクチャな話だが、要するにこれは、「見えない犯罪組織からの報復」を恐れる被害者心理を突いて、フィーバーに持ち込めということだ。すでに何人かのプレイヤーが、この班に配属されたそうな表情をしている。「脅《おど》し好き」「詐欺好き」の、現場でドS系と呼ばれるタイプのプレイヤーたちだ。

となれば、残りの2班はどうするのか。来栖君は全員に、手元の名簿を見返すように告げた。

「この名簿、朝まで見てて、これしかないって俺は思った。この400件は、全部が全部、独居の老人名簿になってて、死んだ旦那だか奥さんの名前と死亡日とか過去の勤務先とかまで書いてあんだろ。これ絶対使えると思った。前に流行った手口で、故人詐欺ってのがあるんだけど、知ってる奴いる？」

前日の終業後に来栖君と話していた進藤君が、知っているようだった。

「死んだ人間に生前金を貸してた金を返せって奴ですよね」

「それ。これだけ細かく死んだ人間の情報書いてある名簿なんか、見たことないだろ？

これ絶対いける。死んだ人間に確認とれねーからな。金貸してたでもいいし、実は愛人と隠し子がいて金に困ってるとか養育費と慰謝料請求したいとか、会社で過去の巨額横領が発覚して告訴するか示談金で収めるかとか、もうなんでもいけるぞ？　これについては、ピンでも2役でも（プレイヤー単独でもふたり1チームでも）スクリプトはあるみたいだから、明日っから研修に打ち込むことにする」

故人の個人情報という駄洒落《だじゃれ》のようなネタが充実しているからこそできるスクリプトだ。と、そんなところに発言の許可を求める者がいた。一般登用枠の新人、剛力《ごうりき》君だ。

「ちょっといいっすか？」

「なに？」

「これ、名簿に自宅のタンス預金額が書いてある物件あるじゃないですか？」

確かに、多いケースでは「5000万の現金と2000万相当の証券類」などと信じられないような情報が書かれているものもある。

「それで、要介護度数も書かれてますよね。これって、例えば示談金系のスクリプトで呼び出してですよ。それこそ車いすタクシーでも回してやって、出てきたところで自宅にノビ（侵入盗）突っ込んだら駄目なんすか？」

一瞬事務所内が静まり返った。なるほど、電話で示談金を受け取る相手が遅れていると引っ張って、1時間も2時間もあれば、自宅の隠された財産を盗むのは余裕かもしれない。

「自慢じゃないですけど、俺の昔の悪い友達で、そういうの得意な奴が何人かいるんで、パーセンで渡せば（協力費を歩《ぶ》合《あい》で払えば）絶対やるって言いますよ。全部持ってっちゃったら可哀想だから、食ってくのに困らないぐらい残しておいてやればいいんじゃないっすかね」

なるほどである。だが、剛力の知人を使うということは、その知人が現場で逮捕された時に、それこそ剛力から店舗まで警察の捜査を招きかねないリスクはある。

「わかった。それは上に聞いてみるけど、やれそうだったらやってみるか」

来栖の言葉に、剛力は小さなガッツポーズをしていた。当然のことで、例えばこれで1億円を奪えたとしたら、剛力の日給は１０００万円である。ヤル気が出るのも当然だ。

「おっしゃ！　やるか！」

そんな声がどこかからか漏れる。プレイヤーたちの中に熱気が戻るのを見て、（ほんと現金だなこいつらは）と来栖君は思った。

実際、現場プレイヤーのモチベーション管理というのは、想像以上に難しい。彼らは許欺に成功してもしなくても、保証として日当2万円を交通費名目で貰えるわけで、詐欺で当たらないムードになるとたんに「省エネモード」に入ってヤル気を失う。とはいえ、ヒットすれば詐取額の10％程度が配当されるわけで、日当20万や50万が当たり前の稼ぎだ。

このバランスが悪いと、そこに生まれるのは「当たるかもしれないパチンコ台に漫然と向かっている」ような心理。当然売り上げも下がるという、マイナスのスパイラルに陥ってしまいがちなのだ。

だが今回は、なんとかこのスパイラルからは抜けられそうである。

来栖君もまた、新たに覚悟を決め直すのだった。

†問題発生

店舗稼働から2週間。毒川副番頭は、上がってきた数字を見て眼を白黒させていた。

6店舗で、平均して5000万円は売り上げが上がっている。やはりこの名簿、尋常ではない。だが問題はそこではない。新人店長の来栖君がまとめる「今回は教育期間」的な店舗の売り上げが、実に8600万円という数字を叩き出したのだ。

「こんな化けるかよ。想定外だな……」

セダンのハンドルを握りながら、思わず独り言が漏れる毒川だったが、その気は重かった。

実は、問題が発生していたのだ。

毒川が副番頭として管理する店舗は、3店舗。番頭として最大の業務は、集金指示だ。加藤グループの店舗では、現場部隊が詐欺に成功した時点で店長から番頭に連絡が入り、番頭がその詳細な情報をA店舗（被害者に直接金を受け取りにいく集金店舗）に通達。A店舗が集金した金はB・C・Dの三段階のメッセンジャーを介して、ようやく番頭の手に渡ることとなる。情報のハブとなる番頭は常にブルートゥースのイヤホンを耳につっこみ、いつなんどきたりとも店舗からの成功報告を受けられるようにしていて、これはこれで非常に大変な業務だ。

番頭はここから金の分配を行い、最終的に残った額を金主と分けることになるのだが……。

3店舗が同時に高精度の名簿を使った結果、予測していなかった事態が起こった。それは「集金人員不足による、とりっぱぐれ」。なんと2週間目の段階で、店舗からの報告が来た時点でA店舗に連絡を入れても、全てのウケ子スタッフがまだ他の集金業務から解放されていないという事態が、何度か発生してしまったのだ。

せっかく現場店舗が頑張って詐欺を成功させても、取りにいく人間が取りにいくべきタイミングで回収できなければ、その売り上げは諦めるしかない。なぜなら、詐欺架電から何時間後、翌日などといった悠長《ゆうちょう》なタイミングでA店舗を飛ばせば、その間に警察が動いて受け渡し場所に張り込まれるリスクも増大するからだ。

結局、この問題によって毒川が管理する3店舗の被害額（回収できなかった額）は、2000万円にもなっていた。

暗い気持ちでセダンの鼻先をホームセンターの駐車場に突っ込むと、その先に加藤の乗る車があった。やはり今回も番頭業務をやっている加藤の耳には、毒川と同じくイヤホンがつけられている。

毒川の到着に気づいた加藤は、そのセダンの助手席に乗り込んできた。

「いやー、ハンパねえな来栖の箱！　ゴールデンアロー賞だぞあいつ」

興奮気味に言う加藤番頭だが、彼自身もプレイヤー時代に年収4000万円以上（総被害額4億円以上）を打ち立てた経験がある。だが、いまは時代がまったく違うのだ。

警察の発表する詐欺そのものの被害額は増加の一途を辿っているが、それはプレイヤーや店舗の数が増えたり、1発の単価が上がっているだけの話。新人店長の店舗が月産1億6000万円以上のペースで売り上げを伸ばすのは、まさに破竹《はちく》の勢いだった。

だが、それを素直に喜べない毒川である。

「いやでも……実は来栖の箱、本来だったらあと900あるんです。報告あった段階で、Aが足りなくて……。それで他の店舗でも同じことあって、ぶっちゃけ2000凹《へこ》んでます」

隠し立てしても仕方がない。勇気を出して言った毒川だが、加藤の反応は「あっそ」だった。

「いいんですか？　大損害じゃないですか？」

「いやー。実を言うとさ。俺んところも同じことで、もう3000も凹んでんだわ」

「まじで？　じゃあ、急いでA補充しましょうよ！　いまの感覚だと、4人キャッチャー（ウケ子）補充するだけでなんとかなりますから」

当然の設備増強である。だが、加藤の顔は渋かった。

「それがなあ……。面倒なことになってんだよ。今回の話、デカいだろ？　それで、金主の内のひとりが、A店舗紹介するって言ってきてるんだわ。でもなあ……」

渡りに船ではないか。なぜ加藤が悩むのか毒川には分からなかったが、その理由はこんなものだった。

「俺その人のことあんま知らんのだけど、100パー不良（ヤクザ）なんだよ。お前どう思う？　知らん人の紹介でA入れて、万が一そいつら金もって飛んじゃったら？　元々Aが飛んでも追っかけるのはリスクがあるのに、ヤクザの紹介じゃなおさらそいつらのことつめらんないし。かといって別のとこからA補充したら、そのヤクザに『なんで俺の紹介は断って他はOKなんだ』ってつめられるじゃん？」

「ヤクザですか……。でも、とりあえずそれ、受けるべきなんじゃないですか？　Aが足りなくて凹み続けるなんて、悔しいし不効率極まりないし。だいたいそのAが飛んでもつめられるのは紹介したヤクザってのが筋じゃないんですか？」

「毒川君はヤクザのこと分かってないなあ……。それでつめられたら、そいつらヤクザなんかやってないよ」

乗り気ではない加藤だが、せっかくこれだけの手間をかけて体制を整えて、とりっぱぐれが続くのでは、現場で頑張ってくれているプレイヤーたちに顔が立たないのは確かなのだ。むしろ回収できなかったことでせっかくの成功報酬をもらえなくなるプレイヤーたちが番頭に詰め寄る場面だってないとも限らない。

新人副番頭として、今後2番手を目指していく毒川からすれば、これはキャリアに対する大きな傷にもなる。

煮え切らない加藤に、毒川は主張した。

「大丈夫ですよ。その話、受けましょうよ。受け取りに失敗するのは凹む一方だけど、きちんと回収してれば、なにかあってもその金でつめればいい話になるじゃないですか」

「そう思う？　プレイヤーには受け取りでコケたことは言わないで、番頭の腹で済ますって手もあるんだぞ？」

「俺、2000万凹んでんですよ？　三役ならプレイヤーの取り分600万、俺が被るんですか？」

「うーん……。俺はそれ以上にいまの集金部隊で回収できてればいいって考えなんだけど、確かにもったいないな」

しばらく黙り込んで考えた後、加藤は思い切ったように膝を叩いたのだった。

「分かった！　受けるわこの話。決まったら毒川のほうにも新しいAのリーダーの連絡先教えるから。あ～～～面倒くせえ！　なんでこうなるんだろうな。Sってのは、もっとスッキリしてるもんだと思ってたんだけど、俺はなんだったらプレイヤーに戻りたいとか思うときあるよ」

そんなことをボヤく加藤を、毒川は不思議な顔で見ていた。番頭を長く続けると、やはり想像もできない軋轢《あつれき》や苦悩があるのだろうか……。

†最悪の裏目に出る決断

だが、加藤の悪い予感は、当たってしまった。加藤と毒川の決断は、最悪の形で、裏目に出てしまった。

そもそも、その金主が紹介してきたAグループは、取り分2割5分というとんでもない条件を突きつけてきた。つまり、1000万円の詐欺なら、集金部隊の取り分は250万円。そのかわり、スペシャルサービスとしてAからメッセンジャーのB・Cまでセットになっている上に、「金を洗う」という謎のサービスつきだった。被害者から受け取った札の番号や指紋などが警察にチェックされ、後に使用されたところから足がつかないように「集金したのとは別の札で納金する」というのだ。

意味不明ではあるが、背に腹は変えられない状況である。だが、このA店舗を集金現場に使うようになって、たった7日目で事件が起きてしまった。

このA店舗から番頭を繋ぐメッセンジャーのBのスタッフが、タタキ（強盗）に遭って、金を全て奪われてしまったのだ。しかもタイミングの悪いことに、この時の回収額は900万円。来栖君の店舗が上げたものだった。

その事件があった夜、加藤と毒川は、都内のマンション一室に呼び出されていた。

「おう。これ、どうすんだお前らは？」

濁声《だみごえ》で迫るのは、このプロジェクトの立ち上げ時に加藤君が呼ばれた個室焼肉店で、冷ややかな眼を加藤に向けていた男だ。50代だろうか、左手の指はしっかり奇麗に「剪定《せんてい》」されている。100人が見たら100人が断言する、ドヤクザだ。

「どうするって、普段だったらどうもしないです」

加藤が答えると、「なに言ってんだテメェは⁉」と男がドスを利かせる。

なにもしない。確かにこれが、それまでの詐欺の現場での方針だった。

「Sの金ですから、もしSに失敗してたらゼロだった。本来なかった金って考えです。だいたい、誰かにおっ被《かぶ》せてつめて、そいつがケツまくってデコ（刑事）にタレたら、一網打尽ですから。基本、叩かれたら、叩かれた人間に多少の見舞い出して、なかったことにするのが俺らのいままでの方針です」

確かに、組織の保全を考えればそれがベストである。だが、この理屈はこの男には通じないようだった。

「俺の流れで紹介した奴らが叩かれてんだぞ？　誰がそんなことできるってんだよ？　あ⁉」

つまり男の言いたいことは、こうだ。Aが被害者に受け取りにいくのを知っているのは、現場店舗関係者のみ。ということは、店舗関係者がこのAに尾行をつけ、その金を受け取ったメッセンジャーのBを叩いたのではないか？　つまり犯人は、この集金指示を出した来栖君の店舗のプレイヤーの誰かだと言っているのだ。

「いや、それはないです。普通、Bが叩かれる場合は、Bの知り合いが叩いてるか、Bの自作自演で叩かれたことにしてるか、接点のあるAかCが叩いてるかのどれかです」

「なんでそんなこと言い切れるんだよ⁉」

「店舗の人間は、集金屋風情《ふぜい》叩いたところで、メリットないからです。そんな揉め事起こしてケツまくる人間出したり、店舗に警察呼ぶようなことになるより、真面目に成績上げたほうが儲かるし安全だって知ってるからですよ」

「小難しいこと言ってんじゃねえぞガキ！」

怒鳴《どな》り散らすと、男は加藤に灰皿を投げつけた。これでは極道Vシネマの定番描写である。

「とにかくその箱の人間に、つめさせろ！」

「それは……できません」

加藤が答えると、男は今度は灰皿ではなく拳を加藤君の顔面にぶち込んだ。

「舐めてんだろてめえ！　お前らんとこも、金投げてる俺らも凹むのは分かるけどな。俺は俺の絡んだとこの若いモンが、叩かれてボッコボコになってんだ。スクーターで走ってるとこ、車当ててすっ転ばして、金属バットでタコ殴りだぞ？　そいつの治療費、慰謝料含めて、痛み分けになんかできるはずねぇだろ！」

「じゃあ、どうしろって言うんですか？」

「週末まで待ってやるから、900万円耳揃えて持ってこい！」

「……」

「聞いてんのか！　この場でブッ刺すぞ!?」

刺したいのは加藤の方だが、流れてきた鼻血をすすりながら、耐えるしかない。ここは引き下がるしかなかった。

「分かりました……」

結局、毒川は隣で一言も話せずに、ただ呆然としながら俯《うつむ》くだけだった。

†彼らの決断

最終的にこの話は、2番手である加藤が被る話となった。本来ならこの店舗の管理は毒川なのだが、加藤はひとりで被ると言い張って、この場を収めたのだ。

マンションの駐車場に向かって、非常階段を降りながら、加藤は無表情だ。

「糞。こんな監視カメラまみれのマンションに稼業中の人間呼び出しやがって、俺らがもってかれたらあいつも芋づるじゃねえかよ。どんだけズレてんだ、あのおっさんは！」

悔し紛れに手すりをゴンゴン叩きながら降りる加藤に、毒川の眼差しは暗い。

「うーん。まさかこのタタキ、あのオッサンが仕込んだ自演じゃないですよね」

「毒川、それ口に出したら、戦争になるぞ」

確かに、これは本当に微妙なケースだった。金主と番頭が、お互いに疑心暗鬼になっては、今後のビジネスにも支障が出る。

「加藤さん、こういうのってよくあるんですか？」

「なかったよ。前はね」

ふと、踊り場で加藤は立ち止まった。

「毒川さん……」

「さんって？　どうしたんですか？」

「改めて聞きますけど、俺は毒川さんが完璧に番頭業務覚えてもらったら、引こうかと思ってます。そしたら、あんたが2番手ですけど、それでいいですか？」

「いや……なんで加藤さん、いきなり敬語？」

「真面目な話で。俺はSやってて、あんたと一緒にプレイヤーやってた頃が、一番良かったです。みんなで一緒に海とか行きましたよね」

まっすぐに眼を向けてくる加藤の言葉に、毒川の表情も緩んだ。

「そういや、行ったなあ……。あの頃は縛りユルかったよね、プレイヤーみんなで飲み行って、海行って、ジェットスキー岩に当ててブッ壊したね……」

いつの間にか、ふたりの言葉遣いは本来の関係に戻っていた。

加藤はその才覚を見込まれて番頭に昇格したが、実は売り上げそのものは毒川には到底敵《かな》わなかった。

ただ人をまとめ、モチベーションをあげることができ、地道な出納業務などにも耐えられ、機転が利き、実直で裏切らない。そんな理由で、年嵩《としかさ》でありプレイヤーとしての経験も実力も上の毒川を飛び越して、加藤が番頭になったという経緯がある。

「毒川さん。マジで聞きます。全部あんたにおっ被せて、俺は逃げていいですか？」

そう言う加藤の眼は、座っていた。

毒川にとっても、ここが正念場のようだった。

「……加藤ちゃん。やるって言ったよな。俺は、やるよ。加藤ちゃんがそろそろ引き際だって言うなら、引けよ。俺がきっちり跡目《あとめ》継がせてもらうから」

「ありがとうございます」

深々と頭を下げる加藤に、毒川は思った。

詐欺業界は、激変と激動の時代を迎えている。番頭になるということは、その荒波の中、プレイヤーたちを守り、利益をあげ、自らの人生全てを賭けるということだ。はたして自分はどこまでやれるのか？

その頃、ちょうど終業時刻を迎えた来栖君たちの事務所では、歓声が上がっていた。その週の売り上げ金額を、来栖君が発表したのだ。貧困の中に育った者もいる。周囲に馴染めずに高すぎるモチベーションを持て余していた者もいる。なにもできないカスだと卑下《ひげ》され続けてきた者もいる。だがここにしがみつくことで、誰もが過去には信じられないほどの金を得ることができる。

酒は御法度なので、プラコップのお茶で乾杯するが、そのお茶はどんな高級な酒よりも美味く感じた。

盛り上がるプレイヤーたちを見ながら、来栖君もまた、この稼業に自分のいまを全て賭けることを、改めて心に誓ったのだった。

†激変する詐欺の勢力図

元々詐欺は半グレ、つまりアウトローではあるが特定の任侠団体には属さない人々で牽引されてきたとされていたが、2013年を前後して、その環境・勢力図・構造そのものが、激変しつつある。その詐欺組織に「○○組系」「○○会系」「X連（半グレ）系」といった、冠がついて語られるようになったのだ。

いわば詐欺組織の「系列化」。第3章の物語の中で、加藤番頭が呼び出された高級個室焼肉屋に集まっていた金主の面々は、これら系列の中にある人々だったわけだ。

だが、詐欺の現場で○○系という言葉が出るようになって、それまで取材を続けてきた僕は、大きな違和感を感じた。そもそも詐欺と任侠《にんきょう》は、相反するものだったからだ。

ある組幹部はこう言った。

「基本的に本家の方針によるけど、詐欺はヤクザの稼業としては御法度だからね。俺ら一応、強きを挫《くじ》き弱きを助《たす》く、任侠団体だから。そもそも詐欺がこれだけ大きなビジネスになったのは、任侠団体が絡まなかったからというのもある。任侠団体っていうのは、子が親を養い、親が子に仕事を与えてっていう、家族社会だから、そもそも下を切り捨てるのが当たり前って理屈は道理に反してる。だからこそ、同じような組織作りをしていても、任侠が深く入り込んでた闇金組織は、下から上までゴッソリ持っていかれて（摘発されて）崩壊したわけだろ？」

これがセオリーだったはずだ。

では、なぜいまになって、詐欺組織に任侠団体の冠がつくようになったのか。その経緯を知るのは、やはり詐欺店舗の元番頭格。物語描写の加藤番頭のモデルになった人物は、こう言う。

「憶測だけど、一昨年（2011年）末頃、関東連合とか怒羅権《ドラゴン》（関東半グレ2大グループ）が準暴力団指定されるってなった頃ですね。この辺の人たちが金主だったってワケじゃないんだけど、明らかにこのタイミングで何人かの金主がSから手を引いたり足洗って別の現物商売（実在の商材を介した老人喰い稼業＝健康食品などの送りつけ商法など）の方に手ぇ出したりして、Sの現場に半グレマネーが流れなくなった時期があった。

業界全体に抑えが効かなくなったなって実感はありました。同じタイミングで都内のデカい道具屋が2件挙げられて道具不足になる中で、名簿とか道具とかの奪い合いに近いことも起きた。あとはよその店舗が詐欺しかけてたターゲットの名簿が流出して、別の店舗が代理返還請求（詐欺の被害金を取り戻すといって手数料を詐取する手口）を勝手にやらかして、『そいつら見つけて殺せ』って手配がかかったりですね」

どれだけ高度に洗練されているといっても、裏稼業は裏稼業。詐欺組織の世界には、同じ業界内での揉め事は頻繁に起こっている。当然関わる人間はどんな被害を被っても刑事民事事件として警察に被害届を出せるはずもないから、ここで当然のごとく登場するのが、警察も弁護士も絡めない「裏の民事仲裁」のプロであるところの、ヤクザだ。

組織対組織の揉め事であれば、それぞれが別のヤクザをケツにつけて（後見《こうけん》として）、トラブルの落としどころをつけてもらうことになる。加藤元番頭（仮）は続ける。

「それで、そうした揉め事が起きないように、あと名簿や道具をより『囲い込める』ように、ある程度系列ができたって流れです。都内で大きく分けて4系列あります。便宜上『○組系』とか『X連系』とか言われてますが、実際にその組織の構成員が番頭やったりプレイヤーやったりじゃないです。金主の中で最も大きく金を投げる筆頭金主が、登録のある人間とか半グレってわけでもないし、その稼ぎがヤクザや半グレに上納されるんじゃない。ただその看板と系列の中で人や資源を融通し合い、万が一よそと揉めた際に看板を効かすって感じですかね」

だが、これまで詐欺組織の運営そのものには基本ノータッチだったヤクザや半グレが看板を出し店舗が系列化することで、起こるべくして起こる事態が訪れた。各系列間による、「競争の原理」の台頭だ。より安定した道具、より洗練された名簿、より優秀なプレイヤーを囲い込むことで、他系列の詐欺組織の上を行こうとする。

組織間に揉め事はあっても、同じ詐欺という稼業の中で基本不干渉を決め込んでいた、そんな詐欺組織に「戦国時代」が到来したのだ。

†プレイヤー周辺の大きな変化

現実は、前述の物語描写よりも遥かに進んでいる。まずは大きな変化が起きたのは、店舗プレイヤーや集金店舗界隈の人材についてだ。

「店舗のプレイヤーにしても集金部隊にしても、系列のヤクザ関係者が送り込んでくる人間が増えてきた。ヤクザは『人集めと人たらしのプロ』じゃないですか。実際組に登録がなくても、元々組周辺の人間だったり、何年か前にSのプレイヤーでいまは周辺者ってポジションの人間が、人集めして囲い込んでアゴ育てて（トークなどの訓練をして）、店舗に飛ばす（派遣する）ようになったんです。とはいえ、そのプレイヤーが稼いだ内の何割かは、飛ばした元の人間が抜きますから、分かりやすい例で言えばスカウトと風俗嬢、派遣会社と派遣社員の関係です。系列のリクルーターが噛んでれば、別系列にプレイヤーが流出しちゃうのを防げるって狙いもありますよね」

「詐欺がヤクザの資金源になっている」と言えば、まず想像されるのは組織頂点の金主のポジションにヤクザがいて、詐欺店舗の売り上げが上納金として組織に渡るというものだろうが、実態は違う。

金主はカタギ、番頭もプレイヤーも組に登録はないが、そのプレイヤーや集金スタッフそのものを系列のヤクザ関係者が集めて送り込んで上前《うわまえ》をはねれば、ヤクザからすれば任侠の大義名分を大きく損ねることなく、その経済に絡むことができる。送り込む人材の数によっては、ヤクザは金主以上の利益を期待することもできるかもしれない。

となれば、人材争奪戦は加熱するばかりだが、そこに綻《ほころ》びの発端はあった。

「実際、同じ名簿とシナリオ使っても、プレイヤーによってアガリが4倍違うなんてことはありますからね。プレイヤー経験者もある程度稼いで業界上がるんじゃなく、より条件のいいところで働くって人間もでてくるわけで、例えばX系列では、業界の通例だった『プレイヤーの取り分10％』を壊して、15〜30％に上げました。別のT系列は、優秀なプレイヤーは即店長格に昇格させて自分の店を持たせる方針で、とにかく店舗数を増やしていくって狙いですね。

でも実際こうなると、いくらプレイヤー飛ばしの人間にヤクザの息がかかっていたとしても、中には別系列に引き抜かれてしまうヤツもいる。なんと、店舗リーダーの人間が使えるプレイヤーを別系列の店舗に飛ばしてバック取ってる話までありました。最悪なのは、人を飛ばす組関係者にしても、飛ばす先の店舗のレベルによってアガリは全然違ってくるわけで、これまた別系列の店舗に人を飛ばすなんてことまで起きてきたことです」

これはメチャクチャな話だ。つまり、「甲《こう》組系列」と冠のついている詐欺店舗に人材を送り込んでいる「甲組関係者」が、本来競争相手のはずの「乙《おつ》組系列」の店舗にプレイヤーを送り込むという事態。これでは系列もなにもあったものではないし、揉め事があっても収拾がつかない。

†詐欺組織に生まれた綻び

カミソリ1枚差し挟む余裕もないように見えた盤石《ばんじゃく》の詐欺組織に、綻びが生まれてきている。焦ってプレイヤーを拡充しようとすれば、プレイヤー人材の品質低下を招き、店舗に対しての裏切り行為（売上金を持って逃げる）といった事態も起きる。品質低下を嫌って、「プレイヤーの人員制限」をかける詐欺組織も出てくるが、前述したように詐欺の売り上げはプレイヤーの優劣によって大きく左右され、優秀なプレイヤーだけを囲い込むというのもこれまた難しい。

他の問題も噴出してきている。例えば「ＢＣジャンプ」だ。昨今の詐欺業界では集金部隊が独立組織化していることや、そこにリクルーターによる人材供給があることは前述した。

おさらいすると、詐欺組織本体を摘発から守るために、集金ルートは複雑化。その結果、現場では被害者から直接金を受け取るウケ子集団をA、捜査を攪乱《かくらん》しつつその収益金を移動させるメッセンジャー部隊をB・Cとし、最終的に店舗の番頭や店長格に収益金を渡す部分をDと、便宜上呼ぶまでになった。このB・C部隊が、何者かによって襲われて収益金を強奪されたり、部隊そのものが金を持ったまま失踪してしまうというケースが、通称BCジャンプ。まさに本章の物語描写で描いたのがこれである。

この事態には、現場に人材を派遣する組関係のリクルーターも頭を抱える。

「こういう場合、本来は『運が悪かった』でスルーなんですが、これを系列のほうは容認しない。となると、本来つめ腹を切らされるのは、Aに人飛ばしてる人間です。つめてくるのは、その上の店舗でプレイヤーの人間を飛ばしてる奴。でも、Aに人を飛ばしてるのが上部組織の系列とは別系列の人飛ばしだったらどうなると思います？　つめられてケツ出せば、それは組織間の揉め事になる。逆にそれができないのが分かってて、上部組織がBCがジャンプしたり叩かれる（強奪に遭う）ように仕込んでる可能性だってある。疑心《ぎしん》暗鬼《あんき》じゃないですか？　こうやってガードがユルくなるから、今度は店舗が叩かれるってことまで起きてくる」

対警察捜査という点では鉄壁のセキュリティを誇る詐欺店舗だが、例えばプレイヤーが配当（給料）日前日に店舗事務所に大量の現金が保管されるという情報を他にリークすれば、タタキ屋（強盗屋）を呼び入れることになる。詐欺組織にとってタタキ屋は鬼門《きもん》中の鬼門で、そこで見張りの人間を置いて半殺しに遭ったとしても、警察には一切相談できないのは当然のこと。誰がタタキ屋を招いたかの疑心暗鬼がはじまれば、番頭や店長格の圧倒的リーダーシップにもまた、綻びが出てしまう。

だからこそプレイヤーは信じられる人材でまとめたい＝「人員制限」となるが……と、堂々巡りの膠着《こうちゃく》が生まれてしまうのだ。

そんな中、駄目押しのように組織を圧迫しているのが、店舗人材の「世代間格差」だ。現在の詐欺業界を牽引する重要な人材プールとして、地方出身勢力があることは前述した。彼らは地元不良人脈や後輩を活用し、多くの人材を呼び寄せて詐欺店舗に登用してきた経緯があるのだが、20代前半のモチベーション高きプレイヤーにとって、現代の10代プレイヤー候補は圧倒的に「ヌルい」というのだ。前章登場の筑紫《ちくし》君もまた、それを実感するひとりだ。

「いまの10代のプレイヤー候補は、驚くことを言うんです。プレイヤーよりウケ子やりたいって。ぶっちゃけプレイヤーやってる限り、捕まることなんかほとんどない。でもウケ子は使い捨てで、捕まるか捕まらないかは運次第。それ説明しても、ウケ子でいいって言うガキが多いんですよ。

その理由が、欲がないから。まさにマイルドヤンキー、出稼ぎ感覚なんです。50万円稼げたら地元帰って中古のベルファイヤが欲しいとか。『どうせならもっと稼いでLS(レクサス)乗れよ!』って言っても、それじゃ『友達が乗れないじゃないですか』とか言う。土日は休みたいって奴が多くて、実際土日休みの店舗も増えました。俺の地元ですらそうなんで、酷《ひど》いのは関東の若いのですね。一番ウケたのは、Jリーグのサポーターって奴で、『俺は鹿◯アント◯ーズのためなら何でもやるんで! 命張るんで』とか、これじゃお話にならないですよ。こんな奴は、たとえA(集金部隊のウケ子)でも使えない。だってこいつら、逮捕された時に仕込み(指示された黙秘など)が効かないかもしれないじゃないですか」

筑紫君のグループでは、以前はウケ子でも仕事が発生するまでタコ部屋を用意して飯も食わせてやり、捕まったら捕まったで放免後に生活の面倒見るところまでやっていた。こうした中で精鋭を育て、プレイヤーになった者も少なくない。

「何もかも面倒見て、合計500万円ぐらいかけて育てた奴が、その後に未株（未公開株詐欺）で一発9000万上げたこともあった。俺らもそうして育ててもらった。けど、最近こういうガキ見てると、こいつら使い捨てでしかないのかなって寂しく思います」

と筑紫君は肩を落とす。

†詐欺の内部崩壊の時代

では、これが詐欺業界の終焉を告げるベルなのか。「老人喰い」稼業の代表である詐欺業界に訪れた、内部崩壊の時代。彼らは警察組織が全精力を挙げる捜査や上層部の解明には屈しないが、結局内部からの歪みによって崩れていくのか？　というと、実は全然そんなことはない。

前章登場の金主経験者・神部《かんべ》君は、「こんなもの過渡期にすぎない」と言い捨てる。

「最終的にこの業界がヤクザにかき回されるなっていうのは、番頭より上を経験してる人間なら誰でも予測してきたことじゃないですかね？　でも、ヤクザが絡むにしてもそれなりの『道筋』がつけば、結局これで食ってく奴の人口が増えるってだけで、何も変わらないです。むしろ詐欺の組織がお互いに不干渉決め込んでたのが不自然だったわけで、最終的に不良(ヤクザ)が組織の強弱まとめていけば、めちゃめちゃレベルの高い組織数本に絞られて、そこに金もいい人材も集まって、それを色々な組が絡みつつ回してくっていう感じの流れができるだけ。

組織の数、店舗の数は減ったとしても、アウトローが回してるからこそ、普通の世の中じゃ許されないような潰し合いの淘汰《とうた》があって、問答無用で強いところだけが残ってくだけのことです」

厳しい現場を生き抜いてきた神部君ならばこその予測だが、これはおそらく慧眼《けいがん》だ。一般の社会であれば何年もかかるような組織の淘汰や業界の再編だが、裏稼業の世界ではそれが凄まじい早さで進行し、終結する。

過渡期、淘汰の末に、おそらく老人喰い稼業はいまよりもさらに洗練され、社会に牙を剝くだろう。淘汰に生き残った組織の現場プレイヤーたちはより強い選抜をもって選び出され、より強いプロ意識と、選民意識で詐欺業務に従事することになる。プレイヤー候補となる世代に、低所得に甘んじる「マイルドヤンキー化」が蔓延《まんえん》すれば蔓延するほど、そこに馴染めない、突出した上昇志向の若者は、より選択的にこの稼業へと吸引されていく。

これが神部君の見立てだ。

†浪費される人材と才能

どうだろうか。これが老人喰いの頂点、特殊詐欺犯罪の組織、現場で働く若者たちの心情の、現状と今後だ。

「なんという人材と才能の消耗・浪費なのだろうか」

これが彼らを取材しての、最終的な感想である。

少なくとも、詐欺の現場プレイヤーとして登用される若者たちは、彼らが活躍しやすい環境を与え、彼らにフィットする鍛錬を与えれば、様々な業種で成績を残せる人材。だが、詐欺の店舗は彼らを効率よく成長させるが、一方でとてつもない勢いで消耗させる。多くの平プレイヤーとその後を見てきた前出の神部《かんべ》君は、「プレイヤーの半数以上は挫折《ざせつ》する」と言う。

「俺自身が危《あや》うい時期がありましたけど、まずSの店舗は短期決戦型が多いということですね。2カ月集中して働いて、次に声がかかるまでに数カ月単位で休みってことがある。この間に、かなりの奴が腐るんです。

番頭や店長からどれだけキツく言われてても、クスリに手ぇ出したり、派手に遊んでるとこをヤクザに目ぇつけられて潰されたり、カジノに入り浸《びた》ってバカラで1晩何百万円擦っちゃったり。俺が番頭に昇格した条件のひとつに、貯金してたことがありましたけど、ほとんどのプレイヤーは稼いだ金の半分のこってたらいい方ですね。こういう奴は、休んでる間にナマクラになって、いざ新規店舗配属ってなってもスイッチ入るのに時間がかかる。最初の店舗が一番稼げて、どんどん売り上げ落としていく奴も少なくない。プレイヤーは単に経験年数じゃないってことですね」

一方で、いくら老成しているように見えても、プレイヤーの多くは20代の若者。純粋なら純粋なほど、プレイヤーを上がって一般人になったあとに潰れるという。

「結局、S稼業以上に、努力が報われる仕事がないってことです。そもそも『労務単価』が違いますから、まず一般職で勤め人は、しばらくの間はできないですよ。下らなくて。それ以上に、これは俺自身がそうですが、Sの店舗の人間と他の会社の人間と比べると、殴りたくなってきちゃうんですよ、モチベーション低すぎて。だから、ほとんどの奴は勤め人じゃない道を選ぶわけですが、これが見事に失敗します。例えば飲食店の開業に出資するとかでは、明らかにSのプレイヤーOBを狙って悪徳開業コンサルする奴がいて、キャバでも風俗でも店出して1年持つってことはなくて、数百・数千万単位の資本金溶かして潰れるのが定番パターンなんです」

多くのプレイヤーがOBとなった後に「またプレイヤーに戻りたい」とぼやくようになるが、稼いだ金が底をつくまでは腰も上がらない。というわけで、神部君が見たプレイヤーOBには、アル中、ヤク中、博打狂、ネットゲーム廃人と、惨憺《さんたん》たるその後を送る者たちがいるのだという。

その言葉にリアルを感じるのは、僕自身が取材活動の中で接触した「詐欺OB」の中に、悲しいほどに落ちぶれた男たちがいたからだ。かつては彼らも詐欺店舗の異様なモチベーションの中でその才能を最大限に発揮していただろうことを考えると、やはりこれは「消耗・浪費」としか思えなかった。引退から数年経って店舗に戻るも、急激に変化する詐欺店舗の現場的常識についていけず、現場で「お荷物」「老害」扱いされる者もいる。

まるでそれは、スポーツの世界でのスタープレイヤーが現役を退いたあとの凋落《ちょうらく》をみるようだ。

そして、昨今ではこうしたOBや、現場の店舗を抜けてリクルーターとして詐欺現場に後輩プレイヤーを飛ばしている者に、積極的にヤクザが接触し、組員への登録を促すようになっている話も聞く。若い組員の成り手不足に喘《あえ》ぐヤクザ業界からすれば、詐欺OBは今後の極道社会を率いていく優秀な人材という位置づけなのだろう。

かつて任俠団体は「世間で食えない人間を身内に引き入れ、食い扶持を用意する代わりにその身を家族（組織）に捧げさせる」という一面を持っていたが、ここに「一般社会が取り残した優秀な人材を、不良社会が回収していく」という皮肉が生まれつつある。とはいえ、昨今の任俠団体＝反社会的勢力の経済活動に対する締め付けの厳しさは、ここであえて言うまでもない。若き閉塞感を詐欺稼業で脱したはずの優秀な若者が、別の閉塞の中に再び押し込められる。

それを自業自得と言うのは、あまりにも残酷に感じてならないのだ。

†放置され、追い込まれた若者たち

この国にとって貴重な若者が、この犯罪組織に取り込まれ、消費され、それでも新たな若い人材が取り込まれ、組織は再編され、そして、老人喰い稼業は決してなくならない。

特殊詐欺犯罪が日本に跋扈《ばっこ》するようになって、十余年の間、様々な詐欺現場に生きる若者たちを取材してきた。はじめは「単なる裏バイト」程度に思っていたし、とんでもない悪ガキが台頭してきたなと思った。だが次第に、彼らは現代日本に「必然的に」発生してきたと思うようになった。

老人喰い＝特殊詐欺犯罪における総被害額は、２０１４年の1～11月で５００億に届かん勢い。だが僕は、この被害額よりも、彼らをこうした老人喰い稼業に追いやったことによる世の中の長期的社会的損失のほうが、むしろ大きいのではないかと考えている。

もちろん、豊かな高齢者ばかりではないし、高齢世代の中でも格差はある。貧困に苦しむ高齢者もいる。被害者として苦しんでいる方もいるだろう。だが若き老人喰いプレイヤーたちには、今後30年40年といったスケールの現役時間が残されている、貴重な日本の生産人口に他ならないのだ。

「人から奪ってはいけない」「人を騙してはいけない」といった、ごく当たり前の歯止めを崩壊させるほどに、若い世代を追い込んでしまった結果が、この老人喰いの跋扈だ。恐ろしい世の中になってしまったと他人事のように嘆くのは、あまりにも無責任ではないか。

そうした世の中に、若い彼らを放置し、押し込めて、そうした日本を作り上げてきたのは、まさにいま犯罪のターゲットになっている高齢者自身に他ならないのだから。

あとがき

振り込め詐欺の現場要員の若者と、シニア向けのビジネス雑誌を読んだことがある。彼らは被害者心理や現代の高齢者の動向を知るために、こうした雑誌を読むこともあるという。老眼《ろうがん》でも読める大きな活字で書かれた記事は、高齢者にオススメの「高額有料老人ホームの選び方」特集だった。

「入居費用で5000万払える老人なら、入居の初期手数料名目の詐欺で1発500取れるんじゃないですかね？　こういうの考えてると、俺メチャ楽しくなってくるんですよね」

彼は友達や彼女を何よりも大事にする情深い青年だったが、彼の中で「金を持った高齢者」という一群の人々は、もはや同じ世界に住む人間とすら思えないようになっていた。

かつてないほどに拡大した若者と高齢者の経済格差と、努力しても報われることがあまりに少ない現代の若者の世代観から、必然的に「支えることより奪うこと」を選ぶ者は生まれた。これが老人喰いだ。

その心情は、将来貰えるか分からない年金を払うことに拒否感を示す若者と、なんら変わりはなかった。むしろ「犯罪である」という縛りさえなければ、現代の若者の誰もが老人喰いのプレイヤーになり得る。それほどに、彼らの停滞感、閉塞感、失望や諦観は、根強い。もちろん、人を騙して金品を奪う＝詐欺が犯罪なのは当然のことであって、それを奨励することなどとてもできない。確実に社会の秩序を乱す行為だし、彼らが高齢者から金を奪うことで、決して世の中が良くなどなりはしない。だが、ただひとつ言えることは「奪われる前に与えていれば、こんなことにはならなかった」ということだ。

本来、富める高齢者がやってくるべきだったのは、自らの子供や孫に教育費や労力を費やすことのみならず、将来的に自らの世代を支えてくれる「若い世代全体」に金と手間をかけて育て、支えてくれるだけの環境と活力と希望を与えることだった。だが現実は、まったく逆だ。いまもって、若い世代を支える社会制度、学費問題、子供を抱える親への支援、あらゆる「未来の生産力を育てる」ための問題提起や政策よりも、常に最優先され多くの金が動くのは高齢者問題。呆《あき》れるほどに固定化された老尊若卑《ろうそんじゃくひ》……。

今後の老人喰いを収束に導く方法は、防犯対策でも彼らの手口を啓蒙することでもない。ただ、これからの世代に「与え、育てること」しかないように思われてならないのだ。

【本書映像化に寄せて】

本書発行から四年。著者として現状の認識は、特殊詐欺犯罪は「老人喰いかつ若者喰いだった」である。捜査サイドの執念実ってか「詐欺店舗のプレイヤーは摘発されない」の神話は完全に崩れ去り、集金サイドも厳罰化が著しく進行。結果として詐欺稼業は、金種やリクルーターという一部の者達を除く全ての関係者にとって「割に合わない稼業」「新たな成り手を探すのが困難な業界」になっている。

果たして今や、プレイヤーも集金要員も、脅迫を受けて無理やり働かされるケースが増え、本書の取材に協力したプレイヤーOBなども、かつて詐欺業界に加担したことをダシに強制復帰させられることを恐れて、各地を逃げ回る者すらいる有様だ。

一方で一度プレイヤーとして店舗を経験した者の消耗も、想像以上に激しかった。引退後どんな仕事につこうが、詐欺の現場に満ちるアドレナリン全開の成功体験には遠く及ばない。真面目に毎日働いても日収は詐欺店舗の「交通費以下」という現実に、かつて過酷な詐欺の店舗で活躍できた若者が空虚に喰われていく。格差を自力で均衡化しようとした彼らの試みは、失敗したとしか言えない。

けれども一切変わることのない真実は「彼らも与えられていれば奪う存在にはならなかった」ということだ。夜露の世代は今も夜露の世代のまま、理不尽の中にいる。本書が改めて世の多くの人の目に触れ、奪う側に回った彼らの心情に一瞬でも思いをはせる契機になってくれればと願う。

ちくま新書
1108

老人喰《ろうじんぐ》い
——高齢者《こうれいしゃ》を狙《ねら》う詐欺《さぎ》の正体《しょうたい》

二〇一五年二月一〇日　第一刷発行
二〇一九年六月二五日　第三刷発行

著　者　鈴木大介（すずき・だいすけ）
発行者　喜入冬子
発行所　株式会社 筑摩書房
東京都台東区蔵前二-五-三　郵便番号一一一-八七五五
電話番号〇三-五六八七-二六〇一（代表）
装幀者　間村俊一
印刷・製本　株式会社 精興社

ISBN978-4-480-06815-6 C0236

ちくま新書

1028
関東連合
――六本木アウトローの正体
久田将義
東京六本木で事件が起こるたび囁かれる「関東連合」。彼らはいったい何者なのか。その成り立ちから人脈まで、まったく新しい反社会的ネットワークの正体に迫る。

1020
生活保護
――知られざる恐怖の現場
今野晴貴
高まる生活保護バッシング。その現場では、いったい何が起きているのか。自殺、餓死、孤立死……。追いつめられ、命までも奪われる「恐怖の現場」の真相に迫る。

998
医療幻想
――「思い込み」が患者を殺す
久坂部羊
点滴は血を薄めるだけ、消毒は傷の治りを遅くする、抗がん剤ではがんは治らない……。日本医療を覆う、根拠のない幻想の実態に迫る！

1029
ルポ　虐待
――大阪二児置き去り死事件
杉山春
なぜ二人の幼児は餓死しなければならなかったのか？現代の奈落に落ちた母子の人生を追い、女性の貧困を問うルポルタージュ。信田さよ子氏、國分功一郎氏推薦。

883
ルポ　若者ホームレス
飯島裕子
ビッグイシュー基金
近年、貧困が若者を襲い、20～30代のホームレスが激増している。彼らはなぜ路上暮らしへ追い込まれたのか。貧困が再生産される社会構造をあぶりだすルポ。

897
ルポ　餓死現場で生きる
石井光太
飢餓で苦しむ10億人。実際、彼らはどのように暮らし、生き延びているのだろうか？　売春、児童結婚、ＨＩＶ、子供兵など、美談では語られない真相に迫る。

1072
ルポ　高齢者ケア
――都市の戦略、地方の再生
佐藤幹夫
独居高齢者や生活困窮者が増加する「都市」、人口減や市街地の限界集落化が進む「地方」。正念場を迎えた「高齢者ケア」について、先進的事例を取材して考える。